障害者の読書と電子書籍

見えない、見えにくい人の「読む権利」を求めて

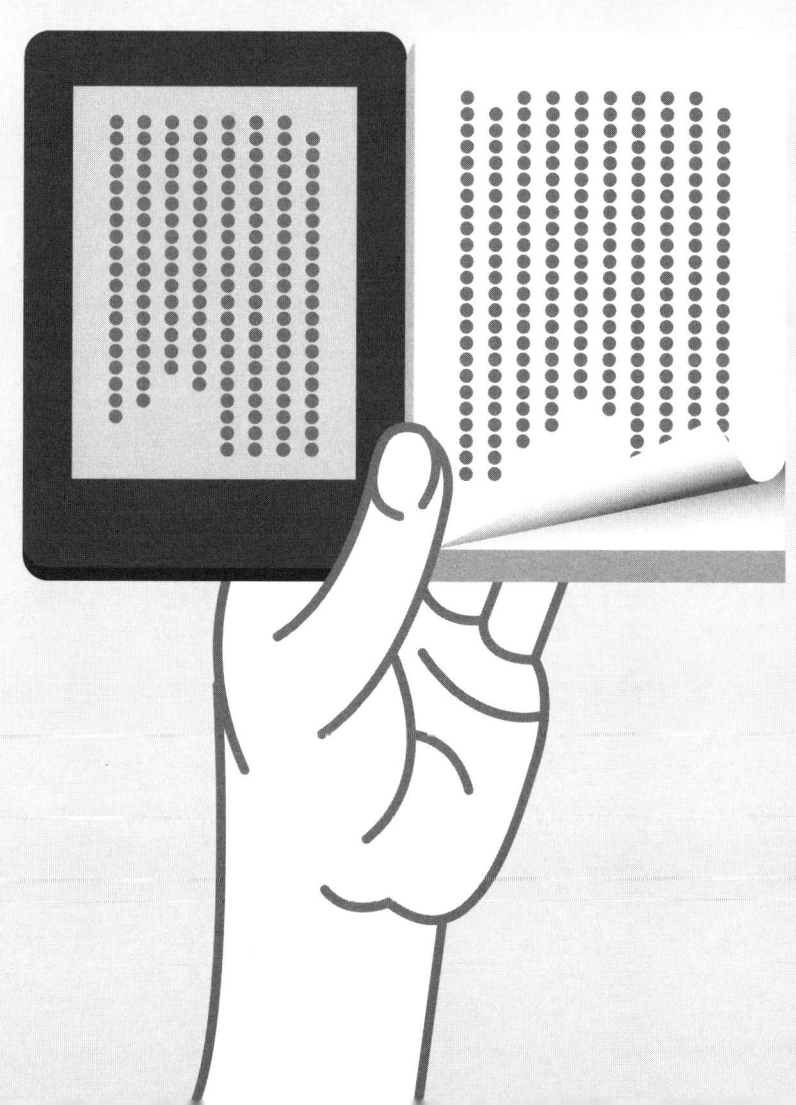

電子書籍はどれだけ普及するか

社会福祉法人　日本盲人社会福祉施設協議会
理事長　高橋秀治

　視覚障害者情報総合ネットワークシステム「サピエ」は、デジタル録音の国際標準規格によって製作された音声情報をCDに記録したものをデイジー（DAISY・注1）図書として2010年4月から提供し、視覚障害利用者に広がっていった。それまで使われていたカセットテープと違うのは、ア．長時間録音が可能、イ．音質が劣化しない、ウ．検索が容易、の3点で、録音再生機の操作さえ身につければ便利な読書法といわれてきた。多くの利用者はこの新しい機器操作を学ぶため点字図書館の講習会などに通って操作を学び、喜々としてカセットテープからCD図書に切り替えていった。そして、今日ではたいていの点字図書館の貸出しはCDが中心となっている。

　ところが、最近では電子書籍の出版・貸出しということが注目されており、大手出版社や公立図書館などでもその具体化の検討を始めている。しかし考えてみれば、サピエからデータをパソコンや携帯電話を使ってダウンロードして、SDカードや小型再生機で読書する現在の利用法も、それが電子書籍の一つの具体的な姿だといってよいと思う。

　さて、この電子書籍とは何か。紙にインクで印刷して、きれいな製本をした本ではなく、一般に電子的なファイルの形式になっている本を電子書籍という。紙に記された文字や図表、動画や音声も内容として含まれる。電子書籍を読むには電子機器が必要になる。一つの電子機器の中にはたくさんの本を入れられるが、電源がきれたら本が読め

なくなる。

　そのメリットは、いつでも本を買える、在庫切れや絶版の心配がない、本を保管するための場所がいらない、大量の本を持ち運べるなどが上げられ、デメリットは、電子機器の電源がきれると本が読めない、電子書籍サービス間の互換性がない、などである。

　ここで注目すべきは、「音声も内容として含む」ことである。当然文字を音声化することは、すでにサピエでは実行しており、視覚障害者への合理的配慮として、「電子出版製作・流通協議会」は読書障害者への対応を検討しはじめており、また大日本印刷、日本ユニシス、図書館流通センター、丸善の4社が共同で電子図書サービスを図書館向けに提供し、音声読み上げなどの利用への動きを考えているようだ。そして、国立国会図書館は視覚障害者を対象にしてデイジー資料の配信サービスを手がけるという状況にある。

　電子出版製作・流通協議会では2013年5月に自治体の公立図書館360館にアンケート調査を行った。回収率は63％。その報告を同協議会の長谷川智信氏が発表している。電子書籍提供の対象の順位は、非来館者68％、ビジネスパーソン62％、障害者61％となった。また、電子書籍で期待している機能としては、文字拡大機能76％、音声読み上げ機能73％、検索機能60％、マルチメディア機能56％など、アクセスビリティ機能への期待がうかがえる。長谷川氏は、「図書館での電子書籍サービスはまだ始まったばかりで、どのようなサービスが

提供できるか、教育機関や民間企業などと検討しなければならない」としている。

　本書で執筆されている静岡県立大の石川教授は、ある雑誌に電子書籍の「自炊」について次のように触れている。「私は全盲なので墨字をそのまま読めない。本を購入したら電動カッターで背表紙を切り落とし、まとめてイメージスキャナに乗せる。スキャナが紙の両面をスキャンして、本１冊分の画像ファイルをOCRソフトに文字認識させることで、画像ファイルから本１冊分の文字がテキストファイルとして抜き出される。これをパソコンの音声読み上げ機能を使って読む」。情報を主体的に取り入れる意欲が感じられる。

　問題は、これからの電子書籍を関係者はどう展開しようとしているかである。さまざまな人が関わる。まず著作者、出版社、制作会社と印刷会社等の第一線レベルでの役割分担が必要な気がする。ここ４，５年前から議論が進められているので、そう遠くないうちに著作権や発行形体について方向性が出てくるのではないか。

　問題は、一見こうした情報の外にいるかに見える高齢者、読書することが困難な障害者（盲ろう者も含む）、学習障害者に対してどう効果的に応用できるかであろう。こうした人たちへのサービス機関として教育機関、国立国会図書館、一般図書館、そしてサピエを含む点字図書館が存在するが、音声読み上げに利用するテキストデータ（Text To Speech＝TTS）をどこまで広げて行けるのか期待したい。その意

味で、点字図書館を中心に視覚障害関係団体は先を争うことなく、たがいの足どりを共にして利用しやすい電子書籍の確保に協力してほしい。その意味で本書発行は、有益な手引として私たちを新しい世界に導いてくれるはずだ。

【注1：DAISY（Digital Accessible Infomation System）…「アクセシブルな情報システム」。視覚障害者や普通の印刷物を読むことが困難な人々のためのデジタル録音図書の国際標準規格。】

目　次

電子書籍はどれだけ普及するか ……………………………… 2

第 1 章　障害者の読書環境はどう発展してきたのか ……… 9

1-1　視覚障害者等の読書環境と発展の歩み ……………… 10

1-2　サピエが支える視覚障害者等の読書 ………………… 22

1-3　公共図書館障害者サービスの変遷 …………………… 30

第 2 章　障害者の電子書籍利用の可能性と課題をさぐる ‥ 39

2-1　アクセシブルな電子書籍の可能性 …………………… 40

2-2　読書障害者と ICT 機器〜 ……………………………… 48

2-3　視覚障害者の電子書籍利用の現状 …………………… 54
　　　iPhone や iPad での視覚障害者の電子書籍利用を中心に

第3章　障害者のための電子書籍製作を試みる ………… 63

3-1　アメリカの「ブックシェア」と読書障害者 ………… 64
　　　〜日本版ブックシェアへの課題〜

3-2　視覚障害者による「共同自炊」の試み ………… 72

第4章　デジタル教科書で「何を」教えるか ………… 77

4-1　国が進める教科書の電子化 ………… 78

4-2　デジタル教科書製作・提供の現状 ………… 86

4-3　アクセシブルなデジタル教科書
　　　「マルチメディアデイジー教科書」製作の現状と課題 …… 94

4-4　デジタル教科書の製作現場より（1）
　　　ボランティア団体の取り組みと課題（NaD・ナディー）… 100

4-5　デジタル教科書の製作現場より（2）
　　　学びの先の自立と社会参加を目指して
　　　―日本ライトハウスの取り組み― ………… 104

4-4　デジタル教科書の製作現場より（3）
　　　製作の効率化と多様なニーズへの対応をめざして
　　ー日本点字図書館の取り組みー・・・・・・・・・・・・・・・・・・110

第5章　障害者権利条約によって電子書籍はどう変わるか・・117

　5　国内法整備と著作権・・・・・・・・・・・・・・・118

第6章　電子書籍は障害者の読書の世界を変えるか・・・・・・127

　6-1　読書困難者の情報バリアフリーを考える　・・・・・・・・・128

　6-2　座談会　「パブリッジセンター」設置の可能性・・・・・・・134

第7章　電子書籍は高齢者の読書をどう変えるのか・・・・・・147

　7　公共図書館と電子書籍の可能性と課題・・・・・・・・・148

あとがき・・・・・・・・・・・・・・・・・・・・・154

障害者の読書と電子書籍
見えない、見えにくい人の「読む権利」を求めて

障害者の読書環境はどう発展してきたのか

1-1
視覚障害者等の読書環境と発展の歩み

竹下 亘

社会福祉法人日本ライトハウス情報文化センター 館長

1、視覚障害者はどのように本を読んでいるか

　皆さんは本書をどのように手に入れ、どのような手段で読んでいるだろうか。入手方法は書店購入、インターネット注文、図書館での閲覧や貸出が主だろう。読む手段としては紙の本をめくり、目で読んでいる人が大半だろう。ともあれ、この本を読もうと思ってからすぐか、数日中には読んでいるのではないだろうか。

　ところが、視覚に障害のある人（以下「視覚障害者」）の場合、本を読むことは容易ではない。視覚障害者の読書手段としては点字図書、録音図書（今日の主流は、肉声をDAISY（デイジー）という形式で録音したCD）、大活字図書（ボランティアが手作りする場合は「拡大写本」と呼ぶ）などがある（写真参照）。

　しかし、国内で出版される書籍の内、点字、録音などで読める本は多く見積もっても3割程度にすぎない。しかも、そのほとんどがボランティアに依拠して製作され、完成までに早くても数か月、遅ければ1年近くも待たなければならない。出版・販売される点字・録音図書もあるが、ごくわずかだ。

　この特殊な読書環境の解決こそが、電子書籍に期待される役割であり、次節で扱う「サピエ」の課題でもある。その問題に入る前に、まず視覚障害者の読書環境と発展の歩みを紹介したい。

【写真：バリアフリー（多媒体同時）出版の一例　上左から原本、大活字版、録音版（デイジーCD）、下は点字版（全2巻）】

2、視覚障害者の直面する困難と読書手段の多様性

　視覚障害者というと、"全く目が見えない""点字""盲学校""あんま鍼灸"などのイメージを持つ人がいるだろう。だが実際には、そうした特徴を持つ人はごく一部であり、視覚障害の程度や原因、それに伴う困難の内容、読み書きの手段、生活歴などは百人百様である。

図1　視覚障害者と読書障害者の現状

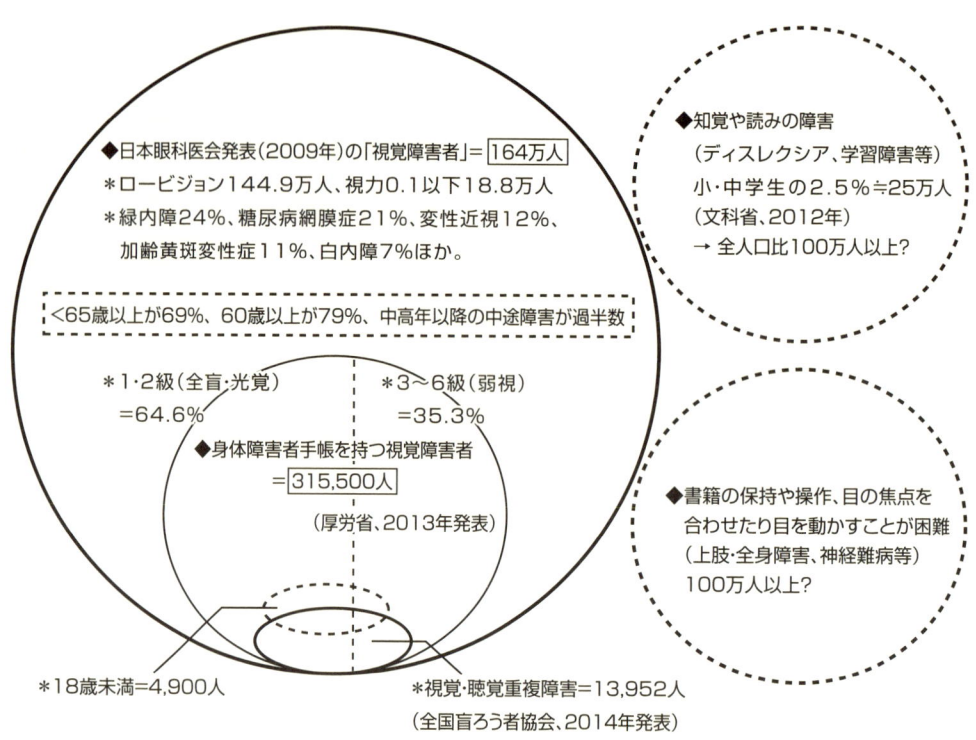

　図1にまとめたように、厚生労働省の発表（2013年）では、身体障害者手帳を持つ在宅の視覚障害者は全国に推計31万5500人いるが、日本眼科医会の発表（2009年）によると、国内の視覚障害者は推計164万人で、2030年には202万人に達するという。つまり、狭くとらえると国内の405人に1人、広くとらえると78人に1人が視覚に何らかの障害を持っていると言える。

　これを障害の程度で見ると、まったく目が見えないか、光や物の影や形などが分かる「全盲」「光覚」の人が20万人程度いるのに対して、ある程度の視力はあるが、日常生活を送る上で何らかの困難のある「弱視（ロービジョン）」の人が144万人余りいる。一方、視覚と聴覚の両方に障害を持つ「盲ろう者」も1万4000人近いと推計されている。

また、高齢化も著しい。年齢別に見ると、65歳以上の人が69％、60歳以上になると79％に達する一方、18歳未満の人は全体の1.6％、4,900人にすぎない。また、40歳を過ぎてから視覚障害になった人は1994年の発表で47％に上っており、一般の学校で学び、就職したり結婚したりした後、視覚障害になった人が過半数を占めている。また、点字の読み書きができる人は数万人にとどまるが、特に幼少時から見えない人の多くは点字を活用して読み書きを行い、学び、働いている。

視覚障害の原因では、緑内障が24％、糖尿病性網膜症が21％を占め、長い年月をかけて視力が低下していく人や継続的な治療を必要としている人が多い。加えて、高齢化に伴い、認知機能や聴力の低下、そのほかの疾病や健康不安を合わせ持つ人も増大している。

さらに、視覚障害以外でも、上肢や全身の身体障害、難病などのため本を持ったり、めくったり、目の焦点を合わせたり、目を動かすことが困難な人、また視力は普通で、知的な障害はないが、文章の読み書きに困難のあるディスレクシア、学習障害等の人たちがいる。そうした人々を合わせると、"通常の"方法による読書が困難な人たちは数百万人に上ると言っても過言ではない。

このように多様な障害や困難、必要があるからこそ、読書の手段も多様となる。視覚障害者等の読書を保障するには、点字、録音、大活字、読み書き支援（専門員やボランティアがマンツーマンで読み書きを補助するサービス）をはじめ、パソコンや電子機器、そして電子書籍など、一人ひとりが読みやすく、使いやすい手段で本を読める読書環境が求められるのである。

3、点字の考案、点字図書の出版から点字図書館の誕生まで

　では、視覚障害者の読書手段はどのように発展し、普及してきたのだろうか。今日の読書の主要手段である点字・録音図書、中心施設である点字図書館（1990年以降は法改正により「視覚障害者情報提供施設」に名称変更）に焦点を当ててたどってみよう。

　視覚障害者の文字と言えば、やはり点字である。点字は、6個の点の組み合わせで文字、数字、記号等を表す万国共通（ユニバーサル）の文字体系である。点字があったからこそ、視覚障害者の就学、就労、文化的活動や福祉は発展してきた。しかし、その歴史はまだ200年足らず、日本においては120年余りにすぎない。

　点字を考案したのはフランスのルイ・ブライユで、1825年のことである。それが日本に伝えられ、日本語に翻案されたのは1890年（明治23年）のことであった。その点字を使い、日本で初めて点字図書として出版されたのは、1894年（明治27年）の新約聖書「ヨハネ伝」であったと言われている。その後、明治後半から大正にかけては、各地の盲学校関係者や視覚障害者自身によって、鍼灸の医学書や各種の教科書、雑誌・新聞などが点字出版されていったほか、視覚障害者一人ひとりによる地道な「点写」（点字図書を指で触読しながら、点字盤で写本する）により、多くの点字図書が複製されていった。

　その当時、視覚障害者にとって、点字図書を読むことがいかに重要、かつ切実な願いであったか。それは、たとえば東京盲唖学校同窓会が発行した雑誌『六星の光』（第6・7号、1904年）で「国民盲人用図書貸出館」創設の必要性が説かれたこと（大橋由昌氏の指摘による）。また、1906年（明治39年）頃、結成された日本盲人會の「約束」（目標）の1番目に「盲人用書籍貸出所を設くること」、2番目に「盲人用書

籍を発行して、できるだけ易く、盲人に供給すること」、4番目に「盲人雑誌を発行すること」、5番目に「就学し得ざる盲人の為めに講義録を発行すること」が掲げられていることからもよく分かる。

　こうした願いを受けて、大正から昭和初期には各地で視覚障害者によって点字出版事業が興された。その中には、1902年（明治35年）に点字出版を開始した桜雲会をはじめ、毎日新聞点字毎日、日本ライトハウス、東京点字出版所など、今日まで続く出版施設もある。また、各地の公共図書館でも点字文庫設置の取り組みが行われた。それらはほとんどが歴史の波間に消えていったが、1935年（昭和10年）、大阪でライト・ハウス会館（現在の日本ライトハウス情報文化センター）、1940年（昭和15年）には東京で日本盲人図書館（現在の日本点字図書館）が開館し、その後、今日まで視覚障害者の情報利用を支えることになる点字図書館という施設が誕生した。

　両点字図書館の特長は、開館と前後して、無償の奉仕者による点訳活動が始められたことである。これは、福祉事業における専門的なボランティア活動の嚆矢と位置づけられるとともに、点訳・録音ボランティア等の協力を前提に、点字・録音図書等の製作・所蔵・貸出を行う現在の点字図書館の原型が形づくられたことが注目される。

4、戦後から1980年代までの点字図書館の発展

　1948年（昭和23年）、日本ライトハウスの岩橋武夫の招請によりヘレン・ケラーが来日し、視覚障害関係者が中心となり、全国で講演活動を展開した。この影響により、翌1949年（昭和24年）、わが国初の身体障害者福祉法が制定され、点字図書館、点字出版施設等が初めて法的に位置づけられた。こうした流れに乗り、各地で視覚障害者の運

動と施設作りが盛り上がり、1953年（昭和28年）、本書の発行者である日本盲人社会福祉施設協議会が発足。加盟26施設中、点字図書館を運営していたのは6施設、点字出版所は5施設だったと思われる。その後の発展の跡を点字図書館に絞ってたどると、以下のようになる。

1957年（昭和32年）　国の「身体障害者更生援護施設の設備及び運営基準」に点字図書館、点字出版施設等が位置づけられる。

同年　日本国際基督教奉仕団が国内初のテープライブラリーを開設。翌年、日本点字図書館、翌々年、日本ライトハウスも開設。

1961年（昭和36年）　点字郵便物と指定施設の録音テープの郵送料金が無料化。

1966年（昭和41年）　点字図書館事業事務費が予算化。

1971年（昭和46年）　著作権法改正により、点字による複製と点字図書館等で盲人向けの貸出用に著作物の録音が認められる。

1970年代後半　オープンリールテープからカセットテープへの移行が本格化。

1981年（昭和56年）　全国点字図書館協議会（現在の特定非営利活動法人全国視覚障害者情報提供施設協会、以下「全視情協」）結成（1970年代から全国の点字図書館が協力して、国への点字図書館充実の要望、職員・ボランティア研修、点訳・音訳技術の向上、目録・サービスマニュアルの整備などに努め、協議会発足に到った）。

1982年（昭和57年）「点字図書・録音図書全国総合目録」No.1を国立国会図書館が発行。

1983年（昭和58年）　第1回全国点字図書館実態調査「日本の点字図書館1」（1982年度版）発行。全国の点字図書館は85館（現在は約90館。その内、厚生労働省の補助金が出ているのは76館）。

こうして1980年代には点字図書館の体制がほぼ整い、視覚障害者

はどこに住んでいても、最寄りの点字図書館を通して、全国の点字・録音図書を借りることができるようになった。

　また、点字出版事業もこの間、発展を遂げた。点字出版所は日盲社協加盟施設だけで27か所を数え、特に教科書や国・地方自治体・企業の発行物、大学入試や公務員試験、選挙公報などの点字化により、視覚障害者の社会参加を支えるとともに、点字の品質の維持に多大な貢献を果たしている。しかし、委託出版を除くと、出版・販売される点字図書は年間200点余りにとどまり、全国の点字図書館に所蔵されている点字出版図書も約１万タイトル（以下「tl」）で、全体の２％に満たない。また、点字図書がかさばり、所蔵するのが困難などの理由から、点字出版図書の個人購入は非常に限られている。

５、「てんやく広場」の誕生から「ないーぶネット」へ

　1980年代、パソコンの普及に伴い、視覚障害者の世界でもワープロソフト（合成音声で入力や操作を確認できるソフトウェア）や点訳ソフト、点字プリンターなどの開発・普及が始まった。その流れにさおを差して、点字図書の製作とサービスの方法を劇的に変えることになったのが、「てんやく広場」の登場だった。

　1988年（昭和63年）、日本アイ・ビー・エムは社会貢献事業として「てんやく広場」事業を開始した。同社は、６点入力で点字を入力・編集できる点訳ソフトを開発し、点訳データを蓄積するホストコンピュータ（サーバ）と各地の拠点をパソコン通信で結ぶネットワークを構築。４年をかけて、全国の点字図書館やボランティアグループ60か所に、点訳ソフトとパソコン約1,500セットと点字プリンター数十台を寄贈し、全国のパソコン点訳網の基盤を作り上げた。

それまでの点訳は、点字盤か点字タイプライターを使っていたため、修正が大変な上、1回の点訳で1冊しか作れなかった。パソコン点訳はそれを根底から変え、校正・修正と分担点訳を容易にし、複部数と必要な部分の印刷、データの送受信と共有、点字ディスプレイや合成音声での読書を可能にするなど、画期的な革新をもたらした。

　また、てんやく広場は当初、パソコン点訳データを会員施設・団体がサーバに送・受信し、点字印刷して、利用者に貸出・提供する機能がメインだった。しかし、それまで一般的だった点字図書館の蔵書の中から本を選んで借りるという読書スタイルから、利用者が点訳希望を出し、施設・団体がそれに応えるというより積極的なスタイルを生み出していった。さらに、1994年（平成6年）には視覚障害者個人の直接利用が実現した上、全国の点字・録音図書の目録も検索できるようになり、利用者主体の読書スタイルがさらに進んでいった。

　1998年（平成10年）には管理・運営が全視情協に移管され、「ないーぶネット」と改称。2001年（平成13年）にはインターネット化が実現し、加盟130施設・団体、視覚障害者の個人利用会員1,717人にまで発展した。

6、デイジー録音図書の登場から「サピエ」の誕生まで

　一方、録音図書は1980年代から利用（貸出）が伸び続け、1990年代にはうなぎ登りに増えていった。そんな中、アナログ録音からデジタル録音への移行に関する国際的な協議が始まり、録音データの階層化が容易で、操作性に優れ、CD1枚に50時間以上も録音できるデイジー方式の標準化が決定。日本では1998年（平成10年）、国産の専用再生機の発売とともにデイジー図書製作が本格化した。さらに、同年

以降、当時の厚生省の補正予算で、全国約100か所にデイジー製作システムや3,000tlを越すデイジー図書、8,000台のデイジー再生機などが提供されたことから、国内に一気に広まっていった。

録音図書がデジタル化されたことから、2004年（平成16年）、日本点字図書館と日本ライトハウスはインターネットによるデイジー録音図書の配信システム「びぶりおネット」を開始した。

（点字・録音図書のインターネット配信には著作権法上の「公衆送信権」が障壁だったが、点字データの「公衆送信権」が2000年（平成12年）に認められたのに続き、2007年（平成19年）の著作権法改正で、録音図書データも視覚障害者情報提供施設等に限り、著作権者の許諾なしで「自動公衆送信」が認められることになった。）

しかし、ないーぶネットとびぶりおネットを並立させ、利用者に両ネットの登録と使い分けを求めるのは非常に不合理である。そこで、全視情協と日本点字図書館が厚労省に要望した結果、2009年（平成21年）の補正予算で点字・録音図書データを合わせた新システムの構築費が認められ、2010年（平成22年）、視覚障害者情報総合ネットワークシステム「サピエ」が誕生した。

このサピエこそ、日本における長年にわたる点字・録音図書製作・提供の取り組みの集大成と言える。120年前、1冊の点字図書の出版から始まった取り組みが、今日では図2のように、全国の視覚障害者情報提供施設が所蔵する点字図書は推計50万tl（内サピエ登録データ約16万tl）、録音図書は推計83万tl（同約5万tl）に達している。年間の貸出数も点字図書は推計6万tl（サピエからのダウンロード約72万tl）、デイジー図書は推計95万tl（同約205万tl）に上っている（所蔵・貸出数は2012年度末、サピエは2013年度末の数字）。

【注：所蔵数には、同一タイトルの図書も多数含まれている。】

図2 全国の点字図書館の所蔵・貸出・利用者数の推移（推計）

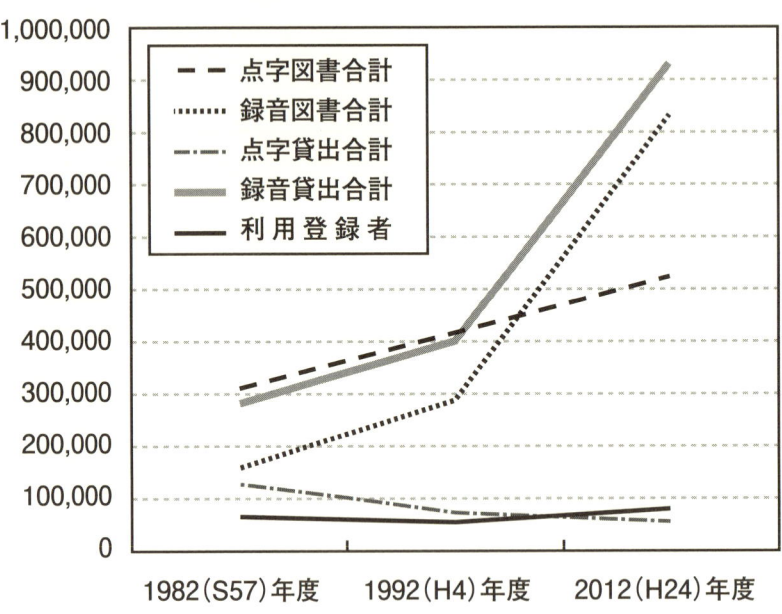

	1982(S57)年度	1992(H4)年度	2012(H24)年度
点字図書合計	308,000	404,000	500,000
録音図書合計	167,000	294,000	829,000
点字貸出合計	130,000	80,000	59,000
録音貸出合計	293,000	403,000	954,000
利用登録者	68,000	63,000	87,000

【※日本盲人社会福祉施設協議会情報サービス部会発行「日本の点字図書館1、11、29」の数字を基に、回答館数を調査対象の全館（83館から85館）に揃えて試算推計した。2012年度の録音図書の数字はデイジー図書とカセットテープ図書の合計。】

デイジー図書のダウンロード数が飛び抜けて多いのは、ストリーミングも含めて「試し読み」や「積ん読」が多いためであり、これ自体、インターネット読書の大きなメリットと言える。また、週刊・月刊等の録音雑誌も全国で400種類以上、製作されており、その貸出数はデイジー、テープを合わせると60万件を超える。

　この数字の大きさは、そのまま視覚障害者の読書への願いと必要の現れであり、同時に視覚障害者の読書を支援しようとするボランティアや施設職員の熱意と努力の成果だと言える。ただし、全国の利用者数は、複数館への重複登録を含め、合計8万人余り（サピエの直接利用登録者は内、約13,000人）にとどまっており、国内の視覚障害者数に比べて決して多いとは言えないが、この問題については次節でふれたい。

1-2
サピエが支える視覚障害者等の読書

竹下 亘

社会福祉法人日本ライトハウス情報文化センター 館長

1、世界に例のないインターネット図書館「サピエ」

　前節で述べたように、日本の視覚障害者と支援者の120年にわたる努力の末に、2010年4月1日、視覚障害者情報総合ネットワーク「サピエ」（画像参照）が誕生した。サピエは世界に例のない視覚障害者等のインターネット図書館であり、21万tlを超える点字・録音データを所蔵し、24時間いつでもダウンロードして読める上、全国に所蔵されている69万tlの点字・録音図書等を検索して、借り出すこともできる。

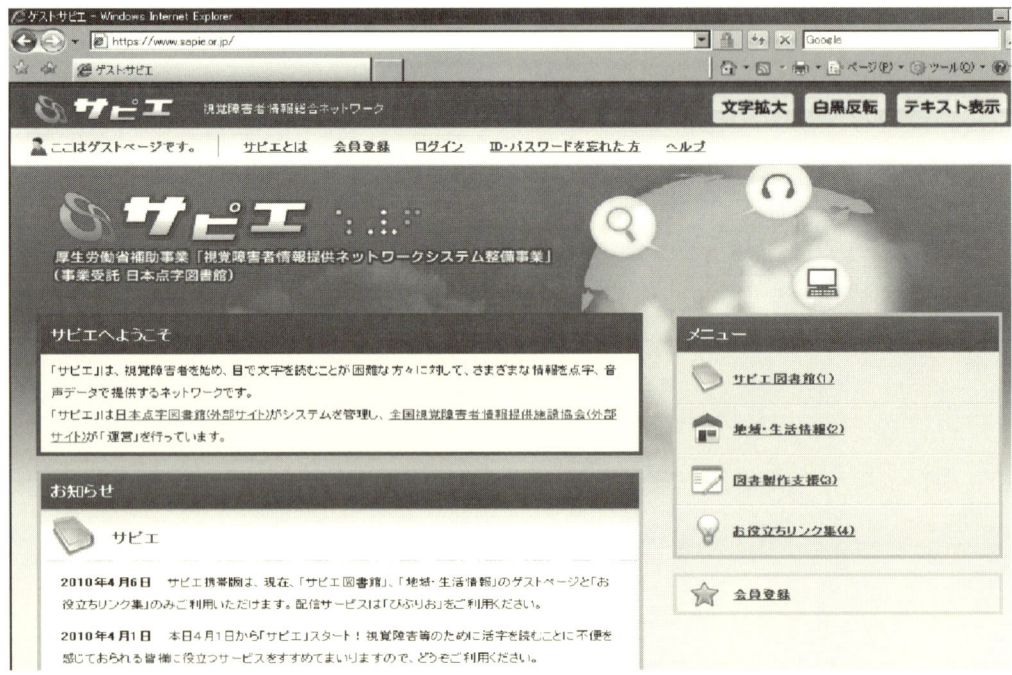

サピエは、厚生労働省の2010年度補正予算で構築され、図書データのシステム管理は日本点字図書館、そのほかのシステム管理と運営は全視情協、利用者サポートは日本ライトハウス情報文化センターが担当している。現在、図書データのシステム管理部分については厚労省の補助があるが、そのほかの経費は全視情協が負担し、会員施設の利用料と視覚障害利用者の協力金等で捻出（ねんしゅつ）している。

サピエのコンテンツは、点字・録音図書等のデータと目録を利用できる「サピエ図書館」、視覚障害者の生活に役立つ情報などをテキス

図3　サピエ図書館の構成

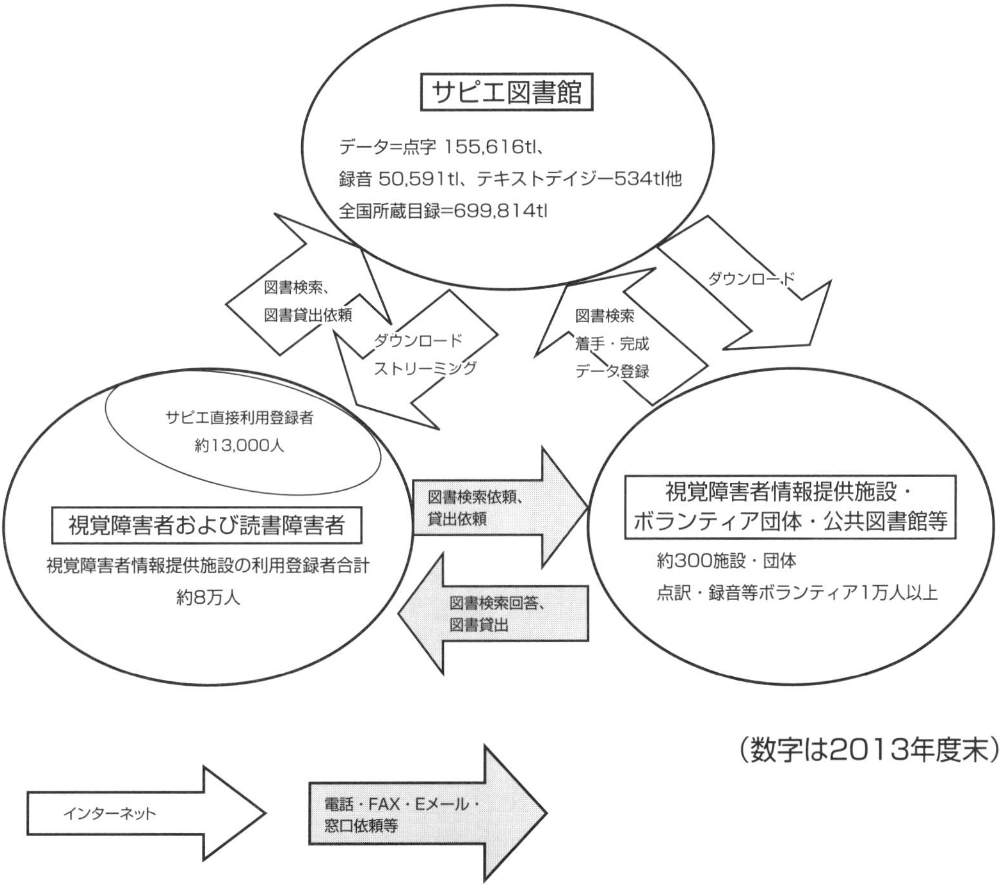

サピエ図書館
データ＝点字 155,616tl、
録音 50,591tl、テキストデイジー534tl他
全国所蔵目録＝699,814tl

図書検索、図書貸出依頼　ダウンロード　ストリーミング　　図書検索　着手・完成　データ登録　　ダウンロード

視覚障害者および読書障害者
サピエ直接利用登録者　約13,000人
視覚障害者情報提供施設の利用登録者合計　約8万人

図書検索依頼、貸出依頼　　図書検索回答、図書貸出

視覚障害者情報提供施設・ボランティア団体・公共図書館等
約300施設・団体
点訳・録音等ボランティア1万人以上

（数字は2013年度末）

インターネット　→　電話・FAX・Eメール・窓口依頼等

トデータと合成音声で提供する「地域・生活情報」、ボランティアの点訳・音訳作業を支援する「図書製作支援」の３本から成っている。ここでは、特に「サピエ図書館」に絞って紹介したい。

　サピエ図書館の構成は、図３のように表すことができる（以下の数字はすべて2013年度末）。サーバには点字データ155,616tl、録音データ50,591tl、全国の加盟館に所蔵されている点字・録音図書等の目録699,814tlなどが所蔵され、毎日増え続けている。また、2014年６月からは、国立国会図書館のサーバに登録されている同館をはじめ全国の公共図書館で製作された点字・録音データも、サピエ図書館のサーバを通してダウンロードできるようになった。

　このサーバにデータをアップしている会員施設・団体は286か所（2014年７月）で、毎週のように増え続けている。この下で点訳・録音作業等をしているボランティアは優に１万人を超え、１～２年をかけて基礎技術を習得した後、日夜、無償で点字・録音図書等を製作している。また施設・団体はアップするだけでなく、利用者の希望に応じて全国の点字・録音図書を探して借受・貸出を行ったり、点字・録音データをダウンロードして、点字印刷・CDコピーなどしたりして提供を行っている。

　サピエの直接利用者（視覚障害者等）は12,800人（同上）で、毎年千人以上増えている。利用料は無料。利用者はサピエ図書館に24時間いつでも直接アクセスし、図書や雑誌を探し、ダウンロード（録音の場合はストリーミング聴取も可能）したり、登録館を通して貸出を依頼したりすることができる。また、サピエを直接利用していない視覚障害者情報提供施設の利用者も、もよりの施設等に電話やファックスやＥメールなどでレファレンスや貸出の依頼をして、郵送等で借りることができる。

表1　サピエ図書館で利用できる図書の種類と読書の方法

種別	媒体	ダウンロード	図書借出	読書方法
点字	パソコン点訳	○	○	点字ディスプレイやスクリーンリーダーでの読書、点字プリンターでの印刷
点字	点字盤・点字タイプによる点訳	×	○	触読
点字	点字出版	×	○	触読
録音	音声デイジー	○	○	デイジー（録音）再生機、パソコン、iPhone/iPad等、ドコモ携帯電話
録音	カセットテープ	×	○	カセットテープレコーダー
電子書籍	テキストデイジー	○	△	パソコン、デイジー（録音）再生機
電子書籍	マルチメディアデイジー	○	△	パソコン、iPad等

【※点字出版図書、およびごく一部の音声デイジー図書は出版施設から購入可能。またパソコン点訳図書は情報提供施設で実費印刷可能。】

　サピエ図書館で利用できる図書の種類と利用方法（ダウンロードか借出か）、読書方法（使用機器等）は表1のとおりである。

　最後に、サピエ図書館の重大な特長は、利用者を視覚障害者に限定せず（障害者手帳の有無を問わないのはもちろん）、冒頭でふれた「読書障害」の人たちを含めるとともに（注1）、点字・録音に続く新しいメディアとしてテキストデイジーやマルチメディアデイジー（本書2章などを参照）などを製作・提供していることである。

【注1：ただし、実際には、利用対象者を条例や管理規定などにより視覚障害者に限定するのみならず、障害者手帳の所持を条件とする視覚障害者情報提供施設が少なくない。】

　これを可能にしたのは、2010年1月施行の改正著作権法である。同法37条3項を概括すると、"視覚障害者情報提供施設等は、視覚によりその表現が認識される方式による著作物について、専ら視覚障害者「等」で利用することが困難な者の用に供するために、音声やテキ

ストデータ等で複製、自動公衆送信できる"となる。これにより、サピエの利用者は、視覚障害者からさまざまな障害等で通常の読書が困難な人々に及び、提供媒体も点字・録音から多様な媒体に広がっている。サピエは将来、さらに拡大、発展する可能性を持っているのである。

2、サピエと視覚障害者情報提供施設の課題

　しかし、サピエ、ひいては視覚障害者情報提供施設による点字・録音図書等の製作・提供システムにも、大きな課題がある。

　一つは、原本が出版されてから視覚障害者が点字・録音等を手にするまで非常に時間がかかるということである。

　試みに、大手書籍取次業者の2014年上半期・総合ベストセラー20冊の点訳・録音状況（2014年8月）を見てみよう。この内、点字で完成済みは11冊で、原本出版からの製作期間は平均6.4か月（最短3か月、最長8か月）。4冊が製作中で、5冊が未製作だ。一方、録音で完成済みは10冊で、製作期間は平均5.3か月（最短1か月、最長10か月）。4冊が製作中で、6冊が未製作だ。

　具体例を挙げると、1位「長生きしたけりゃふくらはぎをもみなさい」が点字8か月、録音9か月。3位「村上海賊の娘」が点字5か月、録音6か月などとなっている。

　現代は、特別なロングセラーか話題の本でない限り、1年後には忘れ去られてしまう。こうした時代において、出版されてから点字か録音で読めるまでに平均6か月待たされるという状態はどうだろうか。しかも、これは人気図書に関してである。個別の関心や趣味、テーマに沿った本になると、多くが製作されないか、点訳・録音してくれる

施設・団体を探し出さないと読めないことが珍しくない。仮に趣味の本なら待てる場合があるとしても、勉学や仕事、社会生活で必要な図書や情報など、期日に迫られるものになると役に立たない。

そして、この問題と密接につながっている二つ目の課題は、ボランティアへの過重な依存である。

何度も述べたように、全国の視覚障害者情報提供施設で製作され、サピエ図書館にアップされている点字・録音図書等の製作はほとんどボランティアに依拠している。これまで約80年にわたり、視覚障害者等の情報利用を支えてきたボランティアの貢献はどれほど賞賛し、感謝しても足りない。しかし、障害者権利条約で、障害者が選択するあらゆる形態のコミュニケーション手段を使用して、「一般公衆向けの情報」を提供することが社会に求められ、障害者差別解消法により、障害者への情報提供についても「合理的配慮」が求められようとしている今、年間2万点余りの点字・録音図書等の製作を全面的に無償のボランティアに委ねている状態は決して望ましいとは言えない。

しかも、社会情勢と市民生活の変化とともに、今後、このように献身的で、質の高いボランティア活動が継続することは望めない。実際、大手の視覚障害者情報提供施設の最近の調査によると、ボランティアの平均年齢を1999年度と2013年度で比較した場合、点訳が52歳から64歳、録音が51歳から66歳に上がっている。この傾向はほかの施設でも同様だ。これまでボランティア活動の中心的担い手だった子育て後の主婦層が働いたり、多様な趣味や社会活動に向かうようになったりして、新しいボランティア志望者が減る一方、ベテランのボランティアが年々高齢化していく傾向が広がっている。

3、サピエと電子書籍の連携を目指して

　そこで期待されるのが、アクセシブルなフォーマットの電子書籍と使いやすい読書ツールが普及することだ。もしベストセラーや公共的な出版物が必ず紙と共に電子書籍で出版され、簡単な機器やソフトで読めるようになれば、電子媒体に好意的な人はもちろん、嫌いな人でも、急いで読む必要のある場合は発行と同時に読むことができる。
　もちろん、電子書籍は万能ではない。図表、絵や写真、数式などに説明を加えなければ理解できない本や読者、一字一句を正確に、もしくは読み手のペースで読みたい本や読者、点字しか読めない盲ろう者など、電子書籍では読めない本や人がいる。それらについては、出版社から視覚障害者情報提供施設等へ電子書籍データの提供が行われ、高度な点訳・音訳等の技術と経験を活かして、いち早く点字、音声など必要とされる媒体に作り替えられる仕組みを作るべきだろう。
　さらに、電子書籍のユニバーサル化が実現しても、当面、電子化される書籍は限られるだろうから、視覚障害者情報提供施設とボランティアが紙媒体の本を点字や録音、アクセシブルな電子書籍に作り替え、サピエを通して提供する作業がなくなることは当面ないと思われる。
　そして、忘れてならないことは、サピエや電子書籍が発展し、普及しても、高齢化や視覚障害以外の多様な障害、困難などにより使えない人、使えることさえ知らない人が数多くいるということだ。
　前述した通り、少なくとも30万人を超える視覚障害者の内、全国の視覚障害者情報提供施設を利用している人は多く見積もっても8万人、サピエを直接利用している人は1万数千人に過ぎない。これは、私たちの努力不足はあるものの、いかに一人ひとりの視覚障害者に"情報"を届けることが難しいか、の現れだと思う。

一方でサピエや電子書籍をはじめとする最先端の情報提供を推進し、アクセシブルな図書と読書手段の開発・普及に取り組みながら、他方ではこうした情報から遠ざけられている人々への広報、説明、相談、サポートを進め、一人ひとりの読書と情報利用を支援することこそが、これからの視覚障害者情報提供施設とサピエの目標であり、役割だと考えている。

1-3
公共図書館障害者サービスの変遷

前田　章夫
公益社団法人 日本図書館協会 理事

1、公共図書館における障害者サービスの始まり

　日本の公共図書館における障害者へのサービスは、1916（大正5）年に点字図書の寄贈を受けて、東京市本郷図書館が点字文庫を開設したのが始まりといわれている。その後、新潟県立（1919）、石川県立（1927）、徳島県立（1928）、鹿児島県立（1929）、長野県立（1929）、名古屋市立鶴舞（1929）など各地の図書館に点字文庫や盲人閲覧室が設置された。しかし、公共図書館自体の貧しさもあり、また「特別な人への特別なサービス」という意識が強く、特別な人（障害者）には、特別な図書館（点字図書館）でサービスすれば良いといった考えも強くあった。

　このことを決定づけたのが、図書館法制定の前年の1949（昭和24）年に制定された「身体障害者福祉法」だった。更生援護施設のひとつとして「点字図書館」が規定されたことにより、公共図書館に設置されていた「点字文庫」「盲人閲覧室」の大半は公共図書館から分離されてしまった。点字図書館関係者からは、「点字図書館を図書館法に基づく図書館として扱ってほしい」という要望もあったが、公共図書館関係者の反応は鈍く、そのまま1970年代まで分離状態が続いてしまった。

　一方、公共図書館は1960年代後半から大きく変化し発展した。図

書館の数や貸出数が増えただけでなく、公共図書館員の意識も変わった。幼児から高齢者までを利用者としてとらえ、サービス（奉仕）することの大切さに気付き活動を始めたのである。しかし、障害者に対する理解と障害者サービスの復活にはさらなる時間を必要とした。

2、公共図書館の発見、障害者の発見

　1960年代後半、大学に入学した視覚障害学生たちは、大学からの支援もほとんどなく、国（厚生省）や点字図書館からも「文部省管轄の図書館のやる仕事」として拒否されていた。

　途方に暮れた視覚障害学生たちは、晴眼学生たちが公共図書館や国立国会図書館を利用していることを知り、自分たちも利用させてほしいと1969年に東京都立日比谷図書館や国立国会図書館を訪問し、門戸開放を要求した。この時、国立国会図書館は受け入れを拒否したが、日比谷図書館は館長だった杉捷夫氏の英断によりサービスを開始することになった。ようやく公共図書館の重い扉が開いたのである。

　さらに公共図書館の門戸開放運動をした学生・市民たちが中心となり1970年6月には「視覚障害者読書権保障協議会（視読協）」が結成された。そして翌1971年に岐阜県で開催された全国図書館大会に参加し、「権利としての読書（読書権）の保障」「公的保障としての図書館サービス」を参加者にアピールした。これによって障害者のことが広く知られるようになり、以降、全国の公共図書館において障害者サービスへの取り組みが始まった。

　ただ1970年に日本図書館協会から刊行された、70年代の図書館作りのバイブルと言われた『市民の図書館』を見ても、初版には「障害者サービス」どころか、「障害者」のことも一切触れられていない。

その後1976年に増補版が刊行されたが、そこでは反省の言葉とともに障害者サービスに関する章が追加された。まさに公共図書館における権利保障としての障害者サービスがこの時期から本格的に動き始めたと言える。

3、「著作権問題」と障害者サービスの停滞

公共図書館の障害者サービスがようやく認知され、各地の図書館が新しくサービスを開始しようとしていた矢先、その動きに冷や水をかけるような事態が発生した。それは1975年2月に東京のある区立図書館で実施していた録音図書の製作・貸出について、著作権者への許諾なしに無断で行われており著作権法に違反しているとして「日本文芸著作権保護同盟」がクレームをつけたことが報道されたのである。いわゆる「著作権問題」の発生である。当時の著作権法では、公共図書館や大学図書館、国立国会図書館など視覚障害者の福祉の増進を目的とする施設とは認められない施設では、録音図書の製作や貸出を行うためには著作権者の承諾が必要であったが、その許諾手続きを行っていなかったために問題となったのである。この報道により既に実施していたサービスを縮小したり、障害者サービスは厄介であるとしてサービス計画自体を凍結したりする図書館が相次いだ。

4、「国際障害者年」からの再出発

1981年の「国際障害者年」は、障害者の権利意識に変化が生まれるとともに、公共図書館の障害者サービスにとっても大きな転機となった。障害者サービスの国際交流が始まり、国際図書館連盟（IFLA）

盲人図書館会議等への参加や、世界各国の先進的サービス事例が次々と紹介されるようになった。視覚障害者サービスだけでなく、聴覚障害者や知的障害者、さらには病院の入院患者サービスなど、幅広いサービス事例が紹介されるようになり、公共図書館サービスの視野が一気に広がることになった。

　1970年代から今日までの障害者サービス実施図書館の変遷は（表1）の通りである。70年代にはほんの一握りだった実施館が、80年代・90年代に大きく伸びていることが分かる。ただ2010年の調査では、自宅配本サービス、郵送貸出サービスの実施館が1998年調査時よりも減少している。また対面朗読サービスは数字の上では591館と伸びているが、このうち221館では1年間に一人の利用者もいなかったというのが実態である。

表1　公共図書館における障害者サービスの変遷

調査年	対面朗読	自宅配本	郵送貸出	録音図書製作
1976年	10	25	34	24
1981年	85	88	165	102
1989年	133	178	393	140
1998年	487	421	587	162
2010年	591	353	479	148

5、録音図書の製作と公共図書館～カセットからデイジーへ

　公共図書館における録音図書の製作は、1976年には24館のみであったが、1981年には102館、1989年には140館と順調に増えてきた。

しかしその後は伸び悩み2010年調査では148館となっている。

　この製作館減少の原因については、一つには自治体の財政難・人員削減のあおりを受けて、録音図書の製作にまわす余力がなくなったことが考えられるが、もう一つの原因として録音図書の媒体がカセットテープからデイジーへと転換されたことがある。

　点字図書館の場合には、1998年から3年間にわたってデイジー製作システムの貸与やデイジー録音図書の配布が厚生省（現在の厚生労働省）の補助事業として行われた。しかし公共図書館に対しては、管轄の文部科学省からデイジー製作に絞った補助制度はなく、各図書館での努力に任されることになったためデイジー導入に後れを取ることとなった。しかし公共図書館においても機器の導入を含め、次第に製作体制の整備が進んできており、デイジー図書を製作する図書館も少しずつ増加している。

6、公共図書館におけるデイジー図書の活用

　公共図書館におけるデイジー図書の利用は、自館製作を行っていない図書館を含めて活発化してきている。2010年4月にスタートした「視覚障害者総合情報ネットワークシステム（サピエ）」の施設会員として登録する公共図書館も100館を超え、点字図書館の加盟館数を上回った。ただ3000館を超える公共図書館の数からすればまだまだ少ない。

　また2014年1月27日からは、国立国会図書館が同館や公共図書館製作のデイジー図書等の配信サービス（「視覚障害者等用データ送信サービス」という）を開始した。まだこのシステムの利用承認を受けている図書館は2014年8月末現在で35館と少なく、またデイジー図

書等のデータをアップロードしている公共図書館についても19館と多いとは言えないが、少しずつ増加してきている。

7、これからの公共図書館の障害者サービス

　1990年代に入り地方自治体の財政状態が悪化し、公共図書館の障害者サービスにも大きな影響を与えている。例えば、図書館予算の削減が財政当局から迫られる中で、利用者の少ない障害者サービス予算が削られたり、障害者サービス担当職員・専任職員が削減されたり、その影響は小さくない。

　しかし、そうした大きな課題を抱えながらも、担当職員や図書館協力者、ボランティアの人たちの努力により、障害のある利用者の情報アクセシビリティの保障に向けての活動は続けられており、ＩＣＴ技術の活用によるサービスの質的向上を図ったり、盲ろう者など、これまでサービス対象としてこなかった人たちへのサービスの動きもあったりする。また電子書籍の導入なども新しいサービスを切り開いていこうとする意識の表れと言える。

8、公共図書館における電子書籍と障害者サービス

　公共図書館における電子書籍の導入は、デジタル社会の中で次第に存在感を増している電子書籍の貸出・配信サービスを通じて、非来館型サービスを拡大していくことが大きな目的である。それとともに資料費が思うようにつかず、印刷出版物の収集が困難になっている中で、電子書籍の収集・提供という新機軸を打ち出すことによって、資料費の増額を図っていこうとする意図もある。加えて、電子書籍の導入に

よって障害者へのサービスの質的向上に結びつけていきたいという期待も大きい。

　公共図書館における電子書籍の導入は2002年に北海道の岩見沢市立図書館が岩波文庫等を電子書籍で提供（館内閲覧のみ）したのが最初であるが、数か月でベンダーの撤退でサービスを終了している。また2005年には奈良県の生駒市図書館が電子書籍端末の貸出サービスを始めているが、これもベンダーの撤退により3年ほどでサービスを終了している。インターネットを活用した本格的な電子書籍の貸出サービスは2007年に千代田区立図書館が導入した「千代田Web図書館」である。その後2011年頃から少しずつ導入館が増えてきており、2014年8月時点で30館近くの公共図書館が電子書籍システムを導入している。しかし課題が多く、思ったほどには利用も伸びていないというのが実情である。

　電子書籍の導入・利用が伸びていない原因はいろいろあるが、現状では図書館への導入のメリットよりも、導入経費の確保の困難さ、コンテンツ数の少なさ、コンテンツのフォーマットが統一されていないなどのデメリットの方が大きいことが影響している。

　アメリカの公共図書館では、数十万件のコンテンツを有する複数のベンダーが存在し、利用者に資料選択の幅があるのに対し、日本の公共図書館で導入されている電子書籍システムは多くても数千件程度とコンテンツが少なく、かつ品ぞろえの偏りや新しいコンテンツの少なさなどが指摘されている。またデータのフォーマットがEPUBやPDF、XMDFなど統一されておらず、電子書籍リーダーやタブレット端末は一部のフォーマットにしか対応していない。特にPDFフォーマットなど画像データを利用している電子書籍の場合には、視覚障害者等にとって不可欠な音声読み上げ機能が十分でなく利用できないもの

が多い。障害者サービスの新展開を図ろうとしている図書館にとっても期待外れの状態にある。またDRM（デジタル著作権管理）などの著作権保護技術により、電子書籍が図書館の所有物とならず蔵書として管理できないことに加えて、利用者サービス面でも制限が加えられている。公共図書館が提供する電子書籍が印刷図書と同様の管理ができ、音声読み上げなどアクセシビリティへの配慮のなされたものとなるよう関係者の努力を期待したい。

　2014年1月に批准された「障害者の権利に関する条約」や、公共図書館を含む行政機関等に「合理的配慮の提供義務」を課した「障害者差別解消法」の意思を活かして、障害者のアクセシビリティを保障できる環境整備に努め、サービスの充実を図っていくことが求められる。

障害者の読書と電子書籍
見えない、見えにくい人の「読む権利」を求めて

②

障害者の電子書籍利用の可能性と課題をさぐる

2-1
アクセシブルな電子書籍の可能性

天野　繁隆

社会福祉法人 日本点字図書館 館長

1、利用者にとってのアクセシブルとはなにか

　テーマである「アクセシブルな電子書籍の可能性」について述べる前に、私自身がこれまで用いて来た紙ベースで、かつ活字による書籍について、その特性や使い勝手を考えてみると、本一冊あれば、電源も専用の再生機（ビューアー）も必要がなく、何時でもどこでも利用することができることから、これほど簡単で使いやすいものは無いと思って来た。

　しかしあらためて考えて見ると、できないことやできたら便利であろうと思うところもある。

　例えば、文章中の言葉や用語の意味が分からない時に、簡単に、そしてすぐに調べたいと思う。また、必要な時に関連のサイトにインターネットと連動してすぐにアクセスできたら一層便利であろうと思うのである。

・障害を持つ利用者のアクセシブル

　ここで対象なる障害とは、視覚障害であり、さらに広い意味でいえば、いわゆる活字で書かれた資料からの情報入手が困難な読書障害である。

　現在の電子書籍では上述したようなできれば便利と思う機能はすで

に実現しているものであり、加えて高齢者や視覚障害者、とりわけロービジョンの人たちの利用を可能にするために「自由に文字の大きさを変える」また、文字を見やすくするために「文字の色や文字の背景の色を変える」と言ったことが簡単に実現できてしまう。

　障害を持つ利用者にとってのアクセシブルとは、簡単に言ってしまえば、「障害の種別や特性にかかわらず、誰もが利用できること」である。多様な障害の特性に合わせてコンテンツの表示方法やレイアウトを変えることができ、テキストだけでなく音声や点字データでの出力もできれば申し分ない。

　ICT技術の進歩とパソコンの普及から生まれた電子書籍の誕生によって、活字の認識が困難で、情報の入手が活字を使ってできなかった視覚障害者や学習障害者など、読書障害を持つ人々も読書が可能になり、読むことの自由を手に入れることができるようになるのである。

　電子書籍市場は、近い将来大変大きな市場に発展すると言われている。5年後には3000億円市場になるという予測さえある。これはとりもなおさず、近い将来それ程多くの電子書籍コンテンツが出版され、一般市場で販売されるということを意味している。私たちはこうした電子書籍が、障害者にも利用できるよう、そのアクセシビリティを担保できるよう働きかけを急ぐ必要がある。

　2010年に総務省・文部科学省・経済産業省合同による「デジタル・ネットワーク社会における出版物の利活用の推進に関する懇談会」からの提案の一つとして、電子出版に関する課題解決に向けた具体的な指針が示された。これを受け2010年度の総務省委託事業として「新ICT利活用サービス支援創出事業の公募」が行われた。

　この公募に対して、「アクセシビリティを考慮した電子出版サービ

スの実現」を電子出版制作・制作流通協議会では企画提案し受託した。この中では加齢によって視力が低下して行く高齢者や、視覚障害者のためのアクセシブルな環境実現のためのガイドラインが示されている。

　また、海外先進国では既に法律に基づく障害者対応も進んでいる。電子書籍の出版ビジネスが先行しているアメリカでは、1990年に制定された「障害を持つアメリカ人に関する法（Americans with Disabilities Act」いわゆるADA法によって、電子書籍につてもユニバーサルデザインの対応が示されているのである。ADA法は、アメリカ国民の障害による差別的扱いを禁止するもので、雇用や公共サービス、電話通信をはじめ4つの柱からなり、電子書籍やその再生機の利用に関するアクセシビリティについても、政府や企業にその責任と義務を求めている。

　日本でも、既に多くの視覚障害者が利用しているiPhoneやiPadに搭載されているボイスオーバーと言われる音声読み上げ機能などもこの法律が基となっている。

2、アクセシブルな電子書籍の可能性

　一般にアクセシビリティというと、端末機器等のユーザーインターフェースとその使い勝手が話題になる。よく知られていることでは、ディスプレイ上で指で画面を操作するピンチイン、ピンチアウトと言われるタッチ操作やジェスチャー操作による文字の拡大、縮小機能や、再生にかかわる操作から、視覚障害者が利用しているディスプレイの音声読み上げ機能とその操作などがある。

　現在、電子書籍の持つ機能で一般的になりつつあり、障害者のアクセシビリティにも役立っているものを上げれば次のようなものがある。

①文字の大きさや色を変えることができる

②文字の背景色を変えることができる

③文章や文字をハイライトし、音声と同期することができる

④音声で読み上げさせることができる

⑤読み上げ速度を変えることができる

⑥単語検索ができる

⑦音声や画像、動画、アニメーションが埋め込まれている

　可能になりつつあるこれらの機能は、さまざまな利用対象者のアクセシビリティとして確かに有効なものではあるが、音声での操作や点字との連携など、視覚障害者をはじめさまざまな障害を持つ人々にとってさらに便利な機能が考えられるはずである。必要とされるニーズの集約と課題の検討が求められる。

・デイジー形式での電子書籍の展望

　本項では電子書籍の形式を、テキストデイジー、マルチメディアデイジーとして進めるものであるが、DAISY（デイジー）システムは当初視覚障害者のための録音図書システム「Digital Audio-based Information system」として登場した。まもなくより多様な読書障害者が利用可能な情報提供システム「Digital Accessible Information system」と解されるようになった経緯がある。

　現在、我が国には、３つの形態のデイジー図書が存在している。一つは従来の音声を主体とした「音声デイジー」であり、そのほかに「テキストデイジー」と「マルチメディアデイジー」の二つの形態がある。まずテキストデイジーであるが、最大のメリットはその製作が比較的容易であり、また利用者への迅速な提供の可能性を持っているものである。日本点字図書館では、2013年から「みんなでデイジー」とい

う愛称で、アクセシブルな電子書籍製作実験プロジェクトを日本アイ・ビー・エムと東京大学の協力を得て行なった。この実験はクラウドソーシング技術とコミュニティ・サイトを使ってテキストデイジー図書の迅速な製作と提供の実現を目的としたものであった。この実験への利用者の反応や感想から、テキストデイジーに対する利用者の潜在的なニーズの高さと有効性を知ることができた。

　次にマルチメディアデイジーは、視覚障害者を含む、多様な障害者への情報提供の有効な手段となり得る可能性を持っているものと考えている。マルチメディアデイジーは特に電子教科書として、数年前から日本ライトハウス情報文化センターや、いくつかのボランティアグループを中心に製作が進められ、完成した教科書コンテンツは、日本障害者リハビリテーション協会から全国の1,300人余りの児童生徒に提供されている。また、日本点字図書館では2011年から合成音声を用いたマルチメディアデイジー図書製作ソフトウエア「ChattyInfty3」の開発と、中学、高校生徒用マルチメディアデイジー理数教科書の効率的製作と提供方法をテーマに、実践的研究を進めて来ている。

　これまでの点字図書、録音図書を主たるツールとした情報提供では、今後多様化して行く利用者とニーズに対応することは早晩困難となると考えている。また、情報の迅速な提供という面からも、長期の製作期間を要する既存の提供ツールは、特に学習や就労というスピードが求められる分野へのニーズに応えられない状況となっている。今後は、さまざまな障害を持つ利用者のニーズと特性に合った情報提供を可能にするマルチメディアデイジー、さらにはEPUBなどの市販の電子書籍と共通のフォーマット用いた「アクセシブルな電子図書」を、私たち提供施設は積極的に活用して行くことが必要である。

点字図書館や公共図書館は、利用者サービスに用いるコンテンツとしてアクセシブルな電子書籍を製作することで、例えば、全盲者は音声とテキストを点字ピンディスプレーで利用できる。ロービジョン者はテキストをディスプレーに表示し、文字の大きさ、色、背景を見やすく自由に変更して利用できる。そのほかの学習障害者、読書障害者はテキストや画像を音声と同期させて利用することができる、と言ったひとつのコンテンツで多様な利用者ニーズに応えることが可能になるのである。

　ただし、実現のためにはこれまでの点字図書、録音図書と分断されて来た製作スタイルを見直し、デジタルテキストデータを原資として、点字と録音の製作部門が互いに連携しながら進めて行く新たな製作モデルを構築し、アクセシブルな電子書籍の効率的でスピーディな製作体制を構築しなければならない。

3、どのようなシステムで展開していくのか

　視覚障害者、学習障害者などの読書障害者向けに、すでにアクセシブルな電子書籍の製作は始められている。特に先進的にテキストデイジーやマルチメディアデイジーコンテンツ製作を行っている点字図書館やボランティアグループの取り組みを見てみると、その多くが職員ないしボランティアという決して十分とは言えない人員の中で行われている。また作業工程としては、原本である書籍をスキャンして、OCRソフトでテキストデータへの変換を行い、そのテキストデータの文字校正とデイジー編集を行った後に、利用者の希望する媒体や配信システムを使って利用者に提供しているというのが一般的である。この「自炊」と呼ばれる手間と時間を要する作業のために、残念ながら

障害者が利用可能なコンテンツは、まだまだ少ない現状にとどまっている。

こうした現状を変えて行くために、日盲社協や全視情協が中心になって進めて行くべき、次の三つの取り組みを提案したい。

まず一つ目として、電子書籍の基となるテキストデータの迅速な製作方法や、校正についてのガイドラインの策定を喫緊の課題として取り組みを行う。二つ目として、出版業界団体との相互理解と協力関係の醸成に努める。難しい問題であるが出版社や印刷会社が持つデジタルデータの提供の、実現をめざす取り組みが必要である。そして最後に三つ目として、市販電子書籍の障害者アクセシビリティの実現ために具体的な提案を行うための枠組みを作る。

技術の進化は日進月歩で進んで行く。今日できないことも明日には実現できる可能性がある。言語や文字の壁も取り払えるはずである。日本語と多言語、活字と点字の切り替えが簡単な操作一つでできるようになる。どこの国の言葉で書かれている本でも、自分が分かる言語や文字に瞬時に変換して読むことができるようになるのもそう遠いことではないと思える。

こうして見てみると、障害を持つ人々に対応するアクセシブルな電子書籍は、既に実現のための技術的背景は整っていると言える。「可能性」ではなく、提供する側にいる私たちがそれに対応できているかどうかの問題なのである。

2 障害者の電子書籍利用の可能性と課題をさぐる

2-2
読書障害者とICT機器

岡田 弥

社会福祉法人日本ライトハウス情報文化センター サービス部長

　障害者が不自由なく読書することを可能にするためには、単に機器が進化すればよいというわけではない。サピエのような図書コンテンツの提供システムの充実、日常生活用具給付制度やアメリカのADA法に見られるような法整備、インターネットのインフラ整備などなど、種々の条件が必要なことは言うまでもない。ただ、現状を見れば、機器の不十分さが読書障害者を作り出しているという面もあるのは確かである。

　活字によって図書にアクセスできない視覚障害者が図書情報を得るためには、文字を拡大する、点字に変換して読む、音声データにして読むなどの方法を採る。拡大文字や点字で読む場合、大活字本や点字図書が広く普及していれば特に機器を使うことなく読めるが、なかなかそのような状態にはなっていない。多くは、パソコンやタブレット、拡大読書器、点字ディスプレイなどを使って自分で拡大文字や点字に変換することになる。音声データについて言えば、テキストデータを音声に変換するのはもちろん、すでに音声データ化されたデイジー図書を聴くにも専用の機器やパソコン、タブレットが必要である。つまり、視覚障害者が読書を楽しもうと考える際、好きか嫌いかにかかわらず、何らかのICT（Information and Communication Technology = 情報通信技術）機器を利用しなければならない人が大部分だということである。

ここでは、障害当事者、特に読書障害者となりえる可能性の高い視覚障害者が、読書するために直接操作するICT機器にまつわる課題と今後への展望を、機器の性能、操作性、入手しやすさの3つの側面から考えてみる。

1、機器の性能〜日本語の難しさ

拡大読書器の画質がHD（High Definition = 高解像度）になることにより、低倍率の白黒反転文字がきれいに表示できるようになったり、デイジー再生機がデイジーオンラインサービスに対応することでパソコンを使わない人でもサピエ図書館からのダウンロードが可能になったりと、技術の進歩は視覚障害者の読書環境をけん引している。

ところが、近年急速に普及している電子書籍端末「Kindle」や「kobo」などには音声読み上げ機能が付属していない。図書が電子書籍化されているのに、再生機器の機能により視覚障害者にとってアクセシブルになっていないというのは憂慮すべき点である。iOS用の「Kindleアプリ」や「koboアプリ」をiOS付属の音声読み上げ機能「VoiceOver」を使って初めてKindleやkoboの電子書籍コンテンツにアクセスできるというのは皮肉なものである。利用者の選択肢が広がることを望む。

この音声読み上げ機能については、日本語の複雑さが問題となることが非常に多い。文字種類が多く、同音異義語の多い日本語は、文字データを音声や点字に変換する際に大きな課題となる。活字を認識させた際の誤認識や、音声読み上げ時の読み間違いがなくならないといったことは、この日本語の複雑さに起因している。

例えば、「1日」を「いちにち」と読むか「ついたち」と読むか、はたまた「いちじつ」と読むかはその時の文脈によって変わってくる。

英語のように、つづりが決まれば読み方が決まるというわけにはいかない。また、活字を認識するにしても、「力（ちから）」と「カ（かたかなのか）、「口（くち）」と「ロ（かたかなのろ）」のように、文脈で判断しないと見分けがつかないものがたくさんある。

こうした日本語の難しさが、英語等のアルファベット言語圏では実現している内容が日本で実現されるまでに長い時間がかかるといった状況を引き起こしている。語彙（ごい）が豊富で表現力が豊かな日本語がこの面ではあだになっていると言えよう。

今後、前後の文脈によって読み方を変更するような技術が導入されることが望まれる。現在でも文脈によって漢字変換をするような日本語入力エンジンが存在しているのであるから、そう難しいことではないように思う。

2、操作性〜シンプルがよいのだけれど

一般の機器類は小型化、薄型化、多機能化が進んできているものが多い。視覚障害者の立場から見れば、小型化、薄型化は必然的に操作ボタン等も小さくなるために操作がしにくくなる。多機能になるとボタンやスイッチが増えたり、液晶画面を見ながらのモード切り替えの操作が必要になったりするので、これまた操作が難しくなると感じる人が多い。さらに近年流行のタブレットやスマートフォンなどでは、物理的なボタンがなく、画面上をたたいたり、滑らせたりする指の動き（ジェスチャー）で操作するようになっており、その上OSによってジェスチャーが異なることもあり、戸惑う視覚障害者が多い。

情報を得るためにあまり得意でない機器を使おうとしている人が多いと考えれば、ICT機器はシンプルなものが望まれる。ボタンやスイ

ッチの数が少なく、触りやすい大きなボタン類を配置し、モードの切り替えなどはなく、1ボタン1機能になっているものがよい。ジェスチャーで操作するタブレットやスマートフォンもできる限り、最小限の種類の基本ジェスチャーで操作できることが望まれる。

わかりやすいマニュアルを作るということも大事であるが、点字版やデイジー版、テキストデータのマニュアルを提供しても、そもそもそれを読むことに不自由を感じている人が使うのであるから、誰もがマニュアルを読めるわけではないことを踏まえての設計も必要であろう。やはり直感的に操作ができるようなシンプルな作りが重要である。

しかし、視覚障害者の中にも機器の操作が得意な人もおり、シンプルな単機能の機器では物足りないと感じる人もいるのが難しいところである。いろいろな機種があって選択できればよいのだが、一般品と比べると明らかに需要が少ないためか、選択肢が少ないことが課題である。

こうした状況を解決するには、選択肢の増加と操作の共通化が望まれる。単機能のもの、多機能・高機能のものと、たくさんの機種が出てくれば、自分にあった機種を選択できる。また、基本操作が共通していれば、自分のものでない機器を一時的に使う場合や、買い換えの際にも利便性が高まる。

また、多くの機種を作るのが難しければ、単機能と多機能の切り替えができるようにするのも一案かもしれない。通常は単機能だが本体裏のスイッチで切り替えると多機能に使える、あるいは、一部のデイジー再生機に見られるように、単機能で使いたいときはカバーをつけて不要なボタンを隠し、多機能に使いたいときにカバーを外すといった具合である。

3、手に入れやすさ～一般の機器に付加機能を

　視覚障害者用の機器が一般に比べて非常に高価であることは大きな問題である。実際、読書をしたいと思っても機器の購入が難しいためにあきらめている人も少なくない。日常生活用具給付事業などで一部を補助する制度はあるものの、障害者手帳の等級が給付対象になっていない人や、そもそも手帳を所持していない人の中にも読書に困難を感じている人はたくさんいる。

　また、そもそも視覚障害者用のICT機器は特殊であるため、そもそも読書をするためのこうした機器があるという情報そのものが入ってこないケースも多い。

　一方で、「iPad」を拡大読書機代わりに使う、サピエ図書館から書籍をダウンロードして本を読みたいから「iPhone」を買う、といった人が増えてきている。このように一般流通品が視覚障害者用のICT機器として使えるというのは意味深い。その機器を買った人には「視覚障害者向けにこんな機能がついている」ということを知ってもらえる機会が増えるし、視覚障害者側は一般市場価格で手軽に手に入れられる可能性が高まる。そのためにも、デイジー再生機であればCDプレイヤーやMP3プレイヤー、拡大読書機であればテレビやデジタルカメラといった一般製品の付属機能として視覚障害者向けの機能が組み込まれていってほしいものである。

　以上、3つの側面から見た現在の課題と今後への期待を書いたが、最初に書いたとおり、これは機器の開発が進めばよいという問題ではない。現在のような、視覚障害者用機器の販売も一般品と同じ商用ベースに乗せることが前提になっていれば、安価な機器は今後も望めな

いであろう。すべての人にアクセシブルな機器の提供をベースにした仕組み作りの必要性を感じる。

2-3
視覚障害者の電子書籍利用の現状
iPhone や iPad での視覚障害者の電子書籍利用を中心に

杉田　正幸
大阪府立中央図書館 読書支援課 障がい者支援室

1、はじめに

　この数年、出版界や図書館界でも電子書籍が騒がれているが、そのほとんどが視覚障害者が利用できるものではなかった。
　電子出版関連では、Windows環境で、2006年12月に「T-Time5.5」（ボイジャー）と「電子かたりべ」（アルファシステムズ）を連動させ、ドットブック（.book）形式の音声読み上げを実現した。また、2013年6月に発売された「MyBookIII」（高知システム開発）もドットブック（.book）やPDF読み上げに対応している。しかし、Windows環境での視覚障害者の電子書籍へのアクセスは十分に進んでいないのが現状である。それを大きく変えたのは2013年5月1日に日本でもようやくアマゾンがiOS版のKindleアプリを音声読み上げ対応させたことだ。iPhoneやiPadに標準で搭載されているスクリーンリーダー「VoiceOver」を使えば、多くの新刊書籍が発売と同時に読めるようになった。
　一方、図書館界では、従来、視覚障害者は点字や録音図書、対面朗読を利用することなどで図書館資料を利用してきた。しかし、図書館に新刊書が受入されても音声や点字になるまでに半年から1年もかかり、その中でも特に専門書が不足しているという現状があった。図書

館での電子書籍導入は米国などに比べ、かなり遅れており、導入されている図書館の電子書籍も、視覚障害者にほとんど利用できないのが現状だ。

　ここ数年の出版界や図書館界の電子書籍での提供について、視覚障害者に適切に利用できる環境が整えば、それら情報格差を埋めることができる。この項では、出版界、図書館界の視覚障害等への電子書籍への取り組みの現状を紹介し、その問題点と課題を明らかにする。

2、iOS環境におけるVoiceOverに対応した電子書籍サービスと対応アプリ

　電子書籍は、「リフロー型」と「フィックス型」の二つに分けることができる。

　「リフロー型」はEPUB形式などで用いられており、プレーンテキストに文字の大きさ・段落・改ページ・ルビ・画像配置などのタグを入れていくものだ。原則、音声読み上げに対応することが可能だ。しかし、出版社が読み上げを許可していなかったり、電子書店が提供するアプリがVoiceOverに対応していなければ、読み上げは利用できない。

　一方、「フィックス型」は、レイアウトをそのまま活かしたもので、PDFや画像ファイルを専用ソフトやクラウド上のASPなどを利用して変換して電子書籍の形にしたものだ。残念ながら画像なので、音声読み上げには対応できない。

　2014年8月の時点で、筆者がiPhone 5sとiPad miniのVoiceOverで確認した音声読み上げ可能な電子書店と対応アプリは以下の通りである。

(1) アマゾン「Kindleストア」(日本語タイトル約15万冊)

【http://www.amazon.co.jp/】

　米国ではKindle Fire端末が音声読み上げ対応しているが、日本語の書籍には対応していない。筆者もこのことからあきらめていたが、2013年5月2日にItmediaから配信された「iOS版Kindleアプリ、アップデートで視覚障害ユーザー向け読み上げ機能をサポート」
【http://www.itmedia.co.jp/news/articles/1305/02/news034.html】
の記事に驚いた。2013年5月1日に発表のiOS版のバージョン3.7から日本語の書籍の読み上げ対応が行われた。日本語特有の誤読もあり、読み上げ方も不明瞭(めいりょう)な部分もあるが、多くの電子書籍が視覚障害者が出版と同時に読めるということでかなり注目されている。利用方法については、「Amazon.co.jp ヘルプ: 画面読み上げ機能VoiceOver」に書かれている。
【http://www.amazon.co.jp/gp/help/customer/display.html?nodeId=201244940】
本の読み方については、「Amazon.co.jp ヘルプ: 本を読む」に書かれている。
【http://www.amazon.co.jp/gp/help/customer/display.html?nodeId=201244920】
　「Kindle for iOS」は無料で、App Storeからダウンロード可能。
【https://itunes.apple.com/jp/app/kindle/id302584613?mt=8】
　「Kindleストア」に登録されている書籍の中には、フィックス型の書籍や読み上げ許可のない書籍などもあり、これらはVoiceOverでの読み上げはできない。

※2013年12月17日、Android端末で提供されている「Kindle for Samsung」も「TalkBack」の読み上げ機能に対応した。利用方法については、「Amazon.co.jp ヘルプ: 画面読み上げ機能　TalkBack」に書かれている。
【http://www.amazon.co.jp/gp/help/customer/display.html?nodeId=201493850】
「Kindle for Samsung」はGoogle PlayのAndroidアプリページから無料でダウンロードできる。
【https://play.google.com/store/apps/details?id=com.amazon.kindle】

(2) アップル「iBookstore」（日本語タイトル約数万冊）
【http://www.apple.com/jp/apps/ibooks/】

　アップルでは米国で2010年からiBookstoreを開始したが、日本ではようやく2013年3月5日にサービスを開始した。日本での音声読み上げ対応は、ストア開始と同時のバージョン3.1からiOS版のiBooksアプリで対応した。しかし、問題点があり、縦書きの本の場合、ページが代わる前後で行の読み飛ばしがあるという致命的なバグがある。iBooksアプリでは、インターネット上やメールに添付されたEPUBやPDFを開いて読み上げさせることも可能。
【https://itunes.apple.com/jp/app/ibooks/id364709193?mt=8】

(3) アイプレスジャパン「コンテン堂」（日本語タイトル約1万冊）
【http://contendo.jp/】

　2012年6月に開始した電子書籍ストア「コンテン堂」は、当初はWindowsとAndroidのみの対応だった総合電子書籍ストアで、1万点の書籍を取り扱う。2013年6月20日からEPUB3およびPDF対応の無

償iOSビューア・アプリ「ConTenDoビューア」が公開され、書籍の合成音声による読み上げ機能が加わった。リフロー型の書籍の読み上げが可能だが、書籍を開いたり、再生・停止ボタンを押したりする際にVoiceOverに対応していない問題などもある。今後の改良で操作性が改善されると期待している。
【https://itunes.apple.com/jp/app/contendobyua/id647770041?mt=8】

(4) 学研「電子書籍ストア BookBeyond（ブックビヨンド)」

　2013年10月24日に公開の学研電子ストア3.1.1から読み上げ対応され、2014年4月より後継サービス「BookBeyond（ブックビヨンド）」に変更して運用。リフロー型の書籍の読み上げが可能だが、書籍を開いたり、再生・停止ボタンを押す際にVoiceOverに対応していない問題などもある。今後の改良で操作性が改善されると期待している。
【https://itunes.apple.com/jp/app/xue-yan-dian-zisutoa/id397115141?mt=8】

(5)「青空文庫」（無料書籍　約１万3000冊）

【http://www.aozora.gr.jp/】
　青空文庫の書籍はさまざまな環境で音声読み上げが可能だが、iOS版の以下の二つのソフトも読み上げに対応している。
Crestra「金沢文庫」　1,200円
【https://itunes.apple.com/jp/app/jin-ze-wen-ku/id441208782?mt=8】
快技庵（かいぎあん）「豊平（ほうへい）文庫」　300円
【https://itunes.apple.com/jp/app/li-ping-wen-ku/id302322519?mt=8】

3、オーディオブック

オトバンク「FeBe」では、およそ7,000タイトルのオーディオブックが提供される。iOSアプリ「KikuPlayer」等がVoiceOverに対応している。
【https://itunes.apple.com/jp/app/kikuplayer/id511721989?mt=8】

オトバンクは2013年7月に公共図書館でのオーディオブック貸出事業を開始することを発表した。2013年秋から大日本印刷株式会社が提供する電子図書館を導入する公共図書館にて、順次コンテンツ提供を開始した。利用者は貸出期間内であればオーディオブックを自宅のパソコンやスマートフォンから自由に聞くことができる。公共図書館の新しい読書方法として今後、普及していくことが期待される。

一方、2012年、150万部突破の話題のベストセラー小説『神様のカルテ』（小学館）のiPhone/iPadアプリを見つけ、テキストと音声が同期することを知った。冒頭の部分は試し読みができるが、テキストと音声の全文は有料だ。音声はナウシカやクラリスを演じた声優・島本須美さんによる感動的な朗読で思わず購入してしまった。
【https://itunes.apple.com/jp/app/shen-yangnokarute/id449821907?mt=8】

VoiceOverに完全に対応していないが、テキストと音声での書籍提供は出版社の新しい販売形態として今後、ぜひ、広げてほしいと思う。

4、公共図書館の取り組み

公共図書館の電子書籍サービスは始まったばかりで、現在約30の公共図書館での提供にとどまっている。筆者は大阪市、堺市、武雄市

の電子書籍サービスを利用したが、視覚障害者に利用できたのは大阪市の洋書を中心とした書籍のみであった。
　大阪市立図書館の電子書籍サービスはアメリカEBSCO（エブスコ）社の提供する図書館向けの電子書籍サービスeBook Collection（EBSCOhost）を利用している。パソコンでは音声読み上げソフトとInternet Explorer 7.0以上とAdobe Reader 8.2以上の組み合わせで英語のコンテンツは読み上げ可能だ。また、iPhoneやiPadではSafari 5.1以上で使えることが大阪市立図書館から案内されているが、筆者は音声読み上げにて使えるかは試していない。すべてのコンテンツを試していないが、英語コンテンツはほぼ読み上げ可能だが、和書についてはすべてフィックス型（画像）で提供されている。しかし、全文検索を可能にするため、文章はテキスト化されているので環境によっては読み上げが可能だ。
　堺市立図書館電子図書館ではWindows環境ではWbookビューアを、iOS・Android環境ではDBookReaderを使用するが、これらは音声読み上げに対応していない。公共図書館の電子図書館サービスの多くは堺市と同様、TRC-DL（TRC-Digital Library）のサービスを利用しているが、アプリだけでなく、DRM（デジタル著作権管理）などの著作権技術があるため、コンテンツが音声読み上げできない。
　武雄市MY図書館はiOS・Android環境で使用できる。iOS環境で武雄市MY図書館のアプリはVoiceOverでほぼ利用可能だったが、電子書籍コンテンツはすべてフィックス型の画像データであり、視覚障害者が利用困難である。地域資料に関しても新しいものに関してはリフロー型で提供し、コンテンツが視覚障害者に利用可能となるように要望をした。

5、問題点・課題・まとめ

　電子書籍をiOS端末で利用する場合、VoiceOverの日本語の読み上げについては不完全な部分も多く、今後の改善に期待する部分が高い。特に現状、問題となる部分は以下の6点である。

1）タッチ操作：画面を直感的に操作する為、操作に慣れと習熟が必要。しかし、キーボードなども併用すると容易に使用することができる。

2）ルビ：アプリによってはルビを二度読みしたり、スムーズに読まないことがある。

3）漢字の誤読：Windowsのスクリーン・リーダーに比べ誤読が多く、読みの修正・編集ができないアプリも多いため、現状では誤読に対する利用者側の慣れが必要。

4）音質：VoiceOverの音質はWindowsのスクリーン・リーダーのような自然な音声とは異なり、慣れるまでは聞きにくい。

5）対応できない書籍：「フィックス型」は音声読み上げできないほか、「リフロー型」でも音声読み上げ許可のないものは読み上げない。

6）対応できない電子書店アプリ：対応できるiOSアプリは現状は今回、紹介した数点である。電子書籍BookLive! Reader、紀伊國屋書店Kinoppy、雑誌オンライン＋BOOKS、マガストア電子雑誌書店、楽天kobo（電子書籍・電子ブック／漫画）、hontoなどはVoiceOverに対応していないため、視覚障害者がこれら書店の書籍をiOS上から読むことができない。

　アップルやアマゾンなどの海外系の電子書籍への進出は図書館界や出版界で問題視する傾向にあるが、残念ながら視覚障害者が読めるよう対応しているのはこれら海外のストアが中心だ。一方、全国の公共

図書館でも30の図書館が電子書籍を導入しているが、そのほとんどが「フィックス型」で、かろうじて「リフロー型」のところでも音声読み上げができない場合が多く見られる。残念ながら画像中心の電子書籍サービスが主流では、視覚障害者が手を出せないのが現状だ。
　日本の図書館や出版界も誰もが利用可能な電子書籍サービスを進めていくために、視覚障害当事者の声を積極的に聞き、サービスに反映していくことが必要だ。デジタル化で一番メリットの高いのは音声読み上げに対応し、視覚障害者が利用可能になること。今の日本の出版界や図書館界の状況は、それを実現できておらず、大変に残念でならない。
　将来的には「フィックス型」の高品質な画像をサーバー上でOCR（文字認識）して音声読み上げする技術も普及していくだろう。これらも含め、電子書籍の図書館での提供についても今後、早期に検討し、誰もが利用可能なアクセシブルな電子書籍を目指してほしい。

障害者の読書と電子書籍
見えない、見えにくい人の「読む権利」を求めて

③

障害者のための
電子書籍製作を試みる

3-1
アメリカの「ブックシェア」と読書障害者
~日本版ブックシェアへの課題~

浅川　智恵子

日本アイ・ビー・エム株式会社 IBMフェロー

1、誕生

　インターネット技術は人と人をつなげることでかつては想像すらされていなかったサービスを数多く生み出してきた。その中でも1999年に登場したナップスターは、功罪の両面から歴史に名を残したサービスである。ファイル共有と呼ばれるサービスのひとつで、世界中の誰とでも音楽を共有することができた。誰かが音楽CDを購入しそれをナップスターに載せれば、世界中の誰でも無料でその音楽を聴くことができたのである。もちろんそれは違法であり、裁判となって2003年ごろには実質的なサービスを終了している。しかしこの一件は、悪い影響だけではなくインターネットの音楽配信ニーズを証明し、後にApple社を始めとしたサービス開始のきっかけになったと言われている。さらにナップスターは意外なサービスのきっかけにもなっていた。

　1999年当時、米国の視覚障害者に広く使われていたOCR（Optical Character Recognition:光学文字認識）ソフトウェアの開発・販売を行っていたアーケンストーン社のCEO ジム・フラクターマン氏は、ナップスター社のCEO エイリーン・リチャードソン氏と家族ぐるみの

交流があった。リチャードソン氏の子供がフラクターマン氏の子供にナップスターを教え、二人で音楽の検索・ダウンロードを試している姿を見て、フラクターマン氏は視覚障害者がOCRで作成したテキストファイルを共有する仕組みをひらめいたと言われている（注1）。

　当時、アーケンストーン社のOCRソフトウェアを用いて書籍全体のテキスト化を行う視覚障害ユーザが多数存在していた。高等教育や仕事の現場で、また日常生活の中で、読みたい、読まなければならない書籍は数限りない。これらの文字情報にアクセスすることなくして現代の社会生活は成立しない。OCRソフトウェアはそのようなニーズを満たす重要なツールとなっていた。ある書籍を誰かが一度デジタル化すれば、ほかの人が行うことは無駄な手間である。そのデジタル化書籍を、ほかの視覚障害者が自由にダウンロードできるようにすれば、視覚障害者の読書環境を大きく変えることができる。ナップスターはそのようなひらめきをフラクターマン氏に与えたのである。そして氏がアーケンストーン社売却後の2000年に立ち上げたのがブックシェア（注2）である。

2、コンセプト

　ブックシェアの基本コンセプトは、ユーザ同士によるデータの共有である。アーケンストーン社のOCRを使っていたコミュニティメンバーをつないで、データを共有するところからサービスが開始された。英語をはじめとしたアルファベット言語は文字数が少ないためOCRによる認識が容易であり、かつスペルチェックによる修正が可能である。そのため、視覚障害者自身が高い精度のデジタル化を行えるため、フ

ラクターマン氏が思いついたようにユーザ自身がデジタル化を行って共有する仕組みが成立する下地となったのである。現にブックシェアは、ほぼ市販のソフトウェアのみで構築されている（注3）。つまり、ブックシェアとはそれを支えている技術のことではなく、ユーザとボランティアのネットワークがブックシェアそのものであると言える。まさに出自どおりインターネット時代のサービスである。

3、著作権と利用可能者

　著作権については当初から綿密にデザインされていた。米国著作権法の例外規定では、専用フォーマットを用いて視覚障害者とそのほかの障害者に限って配布することが許可されている。そのため、ブックシェアでは配布するフォーマットを点字ファイルフォーマット（BRF: Braille Refreshable Format）と音声図書ファイルフォーマット（DAISY: Digital Accessible Information System）に限定している。さらにユーザは読書障害であることを医師が証明する必要がある。たとえば公的機関であるNational Library Serviceによって読書障害であると認定されたユーザはブックシェアを利用することができる。

読書障害の定義は米国でも時代とともに変化してきた。現在ブックシェアは利用可能な読書障害者を以下のように分類している。
・視覚障害者（全盲、弱視）
・身体障害者（書籍をめくることができないなど）
・学習障害者および読字障害者
いずれにせよ医師や教師などによる認定が必要である。一方で感情障害、ADHD（注意欠如・多動性障害）、ESL（English as Second

Language: 英語学習者）、知的障害などは読書障害者には当てはまらず利用できない。

4、運営

　ブックシェアの運営は、ユーザ（読書障害者）への課金をベースとしつつ、政府からの資金援助、企業・団体からの寄付、ボランティアによるテキスト化作業支援などによって、ユーザの負担を抑える仕組みで行われている。一般ユーザは入会費25ドルと年間利用料50ドルで全サービスを利用することができる。

　現在ブックシェアでは293,000冊もの書籍が提供されている（2014年8月現在）。2007年米国教育省は、教育関連書籍の大規模テキスト化事業に対して5年間で総額3,200万ドルの支援を行うことを決定した。この支援により、読書障害学生は無償で必要な書籍にアクセスすることができるようになった。まさにブックシェアが米国政府に認められた瞬間であった。さらに、2012年からは同省より5年間3,200万ドルの追加支援を受けて、学生への無償提供を継続するとともに、テキスト化の効率を現在の10倍に向上するための技術開発に意欲的に取り組んでいる。

5、日本版ブックシェア

　それではブックシェアと同様の仕組みを日本に作れないのだろうか？　まず課題となるのが日本語の多様性に起因するOCRの精度である。常用漢字2,136文字、旧字・異体字も含めれば約10,000字という

文字の多様性に起因して、日本語の認識は二十数文字しか存在しないアルファベットと比較してけた違いに困難である。また、単語の区切りがないため英語のスペルチェックに相当する技術も開発が難しい。縦書き横書きの混在など書字方向の多様性、ルビなどの独特の記法など、表現の多様性はそのままOCRの精度の低さとなって跳ね返ってくる（注3）。

そこで私たちが開発したのが、ボランティアの力でOCR結果を効率よく修正することのできる「クラウドソーシング型図書校正システム」である。このシステムの基本コンセプトは、障害当事者ユーザ自身ではなく晴眼ボランティアによる効率の最大化である。正しい漢字の判別作業など、晴眼者がいかに効率よく修正を行えるかに着目して、文字の校正、ルビの校正、そして文字列の校正という三つのインタフェースを用意して作業効率を向上している。さらに複数のOCRエンジンを組み合わせて精度を向上する工夫も行っている（注4）。

この校正システムによって可能となった取り組みが「アクセシブルな電子書籍製作実験プロジェクト」（通称：みんなでデイジー）である。日本点字図書館が主体となり日本アイ・ビー・エムと東京大学の協力のもと、2013年10月から実施されている。この取り組みでは日本点字図書館が選書した書籍に加えて、ユーザ（読書障害者）からリクエストされた書籍も迅速にデジタル化してテキストデイジー形式で提供している。これまで年間250冊を超えるペースでテキストデイジーを提供できている。リクエストを受けてから提供までの時間は数日〜数週間であり、通常数か月を要する点訳や音声デイジーの提供期間と比較して圧倒的に早いといえる。大学の授業で必要な人や、業務で必要

な人など、期間に制限のあるニーズに応えられることが実証されたといえる（本書4-6　デジタル教科書の製作現場より(3)　114ページ参照）。60代から80代までのシニア世代が積極的に参加してサービスを支えている点も、このプロジェクトの規模拡大に向けた明るい材料である。(注5)

6、課題

　日本版ブックシェアを目指すにはまだまだハードルがある。一つは、校正が完全ではない書籍の公開方法である。ブックシェアの電子ライブラリでは多少の誤字・脱字を含んだ書籍の提供も可能であるのに対し、日本では完全に校正された電子書籍のみが障害者用に公開されてきた。クラウドソーシングによるデジタル化は迅速性の反面、完全性を保障することが難しい。実験ではテストまでに学習しなければならない学生など、完全な校正でなくとも迅速なテキストデイジー提供は非常に好評である。今後、用途に応じた対応が必要であろう。また、数式・化学式等を多く含む理系の書籍や、表・グラフ等を多く含む実用書などは日本にとどまらず世界的に大きな課題となっている。今後技術開発における国際的な連携が望まれる。

　ブックシェアはインターネット時代の新たな仕組みとして誕生し、現在では米国で圧倒的な存在感を持って受け入れられている。翻って日本語においては技術的に大きな壁がある。しかし、最近の技術開発によってそれらが徐々に取り払われつつある。読書障害者が全ての書籍を読める世界に向かって、日本でも今後技術・サービス・制度など多岐にわたる活動が必要である。

【注1：Kendrick, D. (2003). A New Page That Speaks Volumes, AFB AccessWorld, Vol. 4, No. 1, AFB. http://www.afb.org/afbpress/pub.asp?DocID=aw040102】

【注2：Bookshare – Accessible Books for Individuals with Print Disabilities, https://www.bookshare.org】

【注3：高木啓伸．(2011)．全文テキスト化の技術（特集 図書館における全文テキストデータの可能性について）．現代の図書館, 49(2), 104-116.】

【注4：Tatsuya Ishihara, Toshinari Itoko, Daisuke Sato, Asaf Tzadok, and Hironobu Takagi. 2012. Transforming Japanese archives into accessible digital books. In Proceedings of the 12th ACM/IEEE-CS joint conference on Digital Libraries (JCDL '12). ACM, New York, NY, USA, 91-100.】

【注5：Masatomo Kobayashi, Shoma Arita, Toshinari Itoko, Shin Saito, Hironobu Takagi. 2015. Motivating Multi-Generational Crowd Workers in Social-Purpose Work. In Proceedings of the 2015 ACM Conference on Computer Supported Cooperative Work. ACM, New York, NY, USA. (in print)】

3 障害者のための電子書籍製作を試みる

3-2
視覚障害者による「共同自炊」の試み

石川　准

静岡県立大学 国際関係学部 教授

　長い間、点字図書館とボランティアが視覚障害者の読書を支えてきた。サピエはその現在における到達点である。サピエのライブラリにある本なら、という限定付で視覚障害者も読みたい本がすぐに読める状況が実現した。

　ただサピエ電子図書館は文芸書が中心で、楽しみとして読む分には非常によいのだが、職業人や学生が仕事や学習のために読みたい本や読まなければならない本はあまりない。

　ではそういう人々はどうするかといえば、文字認識技術（OCR）に頼ることになる。スキャナで紙の本をデジタイズしてOCRソフトでテキスト化する。それを音声合成エンジン（TTS）対応のソフトウェアで読む。読みたい時に、読まなければならない時にすぐに読めるのがOCRを用いた読書の最大の利点だが、OCRには誤認識がある。レイアウトが複雑になると、レイアウトの自動解析で文字領域を正しく抽出する事は今のところ難しい。TTSも読み誤りをする。

　しかしそういう決して小さくはない問題はあっても、読みたい本がすぐに読めるというのはなんとうれしいことか。誤認識や読み誤りを差し引いてあまりあるメリットがそれにはある。

　とはいえOCRを用いた読書にはそのほかにもいくつかのボトルネックがある。まず個人で本をスキャンする手間である。視覚障害者が使

うOCR読書機は使いやすく設計されてはいるものの、読者は、本のページを1ページずつめくってフラットベッド型スキャナにかけるという作業を強いられる。これはたいへん根気のいる作業である。

　そこで筆者は、数年前から「共同自炊型」電子図書館の実証実験を始めた。ネットの世界では自分の紙の本や雑誌をデジタイズすることを「自炊」と呼んでいる。そこで私も「共同自炊」なるやや挑発的な造語を用いてこのプロジェクトを進めている。しかし本書ではそうした幾分政治的な表現は避けて共同スキャンと呼ぶ事にする。
　共同スキャン型電子図書館は、個人にとって負担となっているスキャナによるデジタイズという作業を実験協力NPOが担う。人々は読みたい本を自分で購入してNPOに送るというわずかな負担だけを担えばよい。共同スキャン型電子図書館は、コンテンツの質より選択の自由とスピードと量を重視しており、サピエとは多くの点で対照的である。
　サピエのコンテンツは、ボランティアが一冊一冊きちんとした製作基準に基づいて丁寧に作っており、その分どうしても完成までに時間がかかる。また原則として情報提供施設が本を選定する。

　共同スキャン型電子図書館のスキームはこうである。参加者は読みたい本を自分で買って、それをこの実験に協力するNPOに譲渡する。電動カッターによる本の裁断、ドキュメントスキャナによる画像化、OCRによるテキスト化、目次と見出しの校正、Dropboxというクラウドのストレージを使ったファイル共有の作業は、実験協力NPOが行う。実験協力NPOは視覚障害者等情報提供施設としての認定を文化庁長官から得ている。

本を注文すると、オンライン書店から実験協力NPOに本が配送され、翌日にはテキストになって、自分のDropboxのフォルダにテキストファイルが自動的にダウンロードされる。ほかの参加者のDropboxにも同様にダウンロードされる。
　これで読みたい本はすぐに読める。ただし誤認識はある。目次と見出し以外は一切校正しない。誤認識の数は本によりかなり異なる。快適に読書できる場合もあれば、誤りが多すぎて読もうとする気力を失う事もある。これが共同スキャン型電子図書館である。たとえ補助金なし、ボランティアなしでも持続できる電子図書館というコンセプトである。
　共同スキャン型電子図書館の実証実験では、最初の二年間、参加者70人で1000冊くらいの本をテキスト化した。アンケート調査からは、誤認識はあっても参加者の満足度は大変高いという結果が出ている。参加者は40代と30代が多い。サピエの平均的読者層とは明らかに違う。

　いうまでもなく共同自炊型電子図書館は理想から程遠い。読者が誤認識に耐えなければならないというのは、そもそも理不尽な話である。大半の書籍が紙と電子で出版され、かつ電子書籍は大半がアクセシブルであるという社会が私たちのめざすべき目標である。
　市販の電子書籍の中でアクセシブルといえるのはKindleである。書籍数も年々着実に増加している。iOS版およびAndroid版のKindleアプリを使えば、本を購入したその時から読み始めることができる。iPhoneやAndroidにはVoiceOverおよびTalkBackというスクリーンリーダーが内蔵されており、かつこれらのアプリが、OSのアクセシビリティ機能を積極的に利用して、視覚による読書が困難な読者に配慮しているからだ。企業にこうした努力を求める法律が米国にあり、私

たちは、その効果が国境を越える性質を持っている事に依存しつつ、読みたい本を読む自由が増加してきたといえる。

　私たちの主体的な努力や貢献はむしろこれからだ。私たちというのは日本の市民社会という意味であって、狭義の当事者とその関連団体の事だけではない。

障害者の読書と電子書籍
見えない、見えにくい人の「読む権利」を求めて

④

デジタル教科書で「何を」教えるか?

4-1
国が進める教科書の電子化

田中　徹二
社会福祉法人 日本点字図書館 理事長

はじめに

　文部科学省は、2011年から3年かけてデジタル教科書の実証研究を実施した。その研究結果をまとめた「学びのイノベーション事業実証研究報告書」が公表されている。この研究を基に、今後、紙の教科書からデジタル教科書への移行作業が進められていくものと思われる。現段階では、2014年までにデジタル教科書の制度化に向けた課題を整理し、2016年を目標に具体的な検討を行い結論を得る予定だという。一般に言われているように、2020年あたりから小・中・高の児童生徒にタブレット端末が渡され、デジタル教科書による学習が始まる可能性は高いように見える。

1、実証研究の内容

　まず研究目標としては、「1人1台の情報端末、電子黒板、無線LAN等が整備された環境の下で、ICTを効果的に活用して、子供たちが主体的に学習する「新たな学び」を創造するため」としている。そして、(1) 小学校、中学校における取組、(2) 特別支援学校における取組、(3) ICTを活用した指導方法の開発、(4) 学習者用デジタル教科書・教材の開発、(5) ICTを活用した教育の効果、(6) ICT

活用の留意事項、(7) 今後の推進方策、について言及している。

(1) 小学校、中学校における取組

　研究に参加したのは、全国で、小学校10校、中学校8校であった。結果は、各教科等におけるICTの活用例およびその効果として、①画像や動画を活用した分かりやすい授業により、興味・関心を高め学習意欲の向上が見られた。②児童生徒の学習の習熟度に応じたデジタル教材を活用し、知識・理解の定着が見られた。③電子黒板等を用いて発表・話し合いを行うことにより、思考力や表現力の向上が見られた、としている。

(2) 特別支援学校における取組

　特別支援学校は2校のみだった。いずれも病弱児や心に問題を抱える児童、肢体不自由児などが対象で、病院と直結している学校であった。障害の状態や特性等に応じたICTの活用は、各教科や自立活動等の指導において、その効果を高めることができる点で極めて有用と結論付けている。

(3) ICTを活用した指導方法の開発

　①一斉学習では、挿絵や写真等を拡大・縮小、画面への書き込み等を活用して分かりやすく説明することにより、子供たちの興味・関心を高めることが可能になる。

　②個別学習では、デジタル教材などの活用により、自らの疑問について深く調べることや、自分に合った進度で学習することが容易となる。また、一人一人の学習履歴を把握することにより、個々の理解や関心の程度に応じた学びを構築することが可能となる。

③協働学習では、タブレット端末や電子黒板等を活用し、教室内の授業や他地域・海外の学校との交流学習において子供同士による意見交換、発表などお互いを高めあう学びを通じて、思考力、判断力、表現力などを育成することが可能となる。

（４）学習者用デジタル教科書・教材の開発

児童生徒が情報端末で活用する「学習者用デジタル教科書・教材」を開発した。教科書の内容に加え、画像や動画、シミュレーション機能、学習履歴の保存等の機能を付加したという。それにより、①多様な情報端末で利用可能、学習の記録を蓄積し、活用できることが必要。②学習者用デジタル教科書・教材、アプリケーション、これらの管理運用システムなど、学びに有効なシステムが連携した学習環境を構築することが必要、と整理している。

（５）ICTを利用した教育の効果

約8割の児童生徒が、研究の全期間を通じて、授業について肯定的に評価していた。

（６）ICT活用の留意事項（省略）

（７）今後の推進方策

今後、ICTを効果的に活用した養育を推進し、子供たちの主体的な学びを実現していくためには、以下の点についてさらなる取組を進める必要があると指摘している。

①ICTを活用した指導の改善、②教員のICT活用指導力の向上、③情報教育の更なる充実、④デジタル教材の充実、⑤特別支援教育にお

けるICTの活用、⑥教育環境の整備、⑦学校間、学校と家庭との連携、⑧大学や企業等との連携・協力。

2、文科省の担当者の見解

　この項を執筆する上で、「学びのイノベーション事業の報告書」について、担当者の見解を質問してみた。以下はその回答である。

（1）この研究では病弱等の特別支援学校が研究対象であったが、視覚障害教育については検討されなかったのか？

　本事業において、特別支援関係では、病弱の児童生徒に対応したさまざまな取組が行われていますが、お見込みの通り盲児に対する教科書の開発などは行われていません。

（2）現在、盲学校用の点字教科書は文科省によって製作されているが、盲学校にもデジタル教科書は導入されるのか？

　現在の政府方針では、平成28年度までにデジタル教科書の導入に向けた検討を行い、結論を得ることとしていますが、デジタル教科書を制度化した場合、当然特別支援学校用の教科書についてもデジタル教科書の発行は可能となります。
　学びのイノベーション事業の報告書においても、デジタル教科書に求められる機能として拡大機能や読み上げ機能が挙げられておりますが、デジタル教科書は弱視の児童生徒や学習障害を有する児童生徒にとっても学びやすいものとなる可能性を秘めています。

現時点で「どのような形のデジタル教科書を導入する」と決まってはいませんが、デジタル教科書の制度化に際して、盲児や学習障害児にとっても使いやすいようなものとなるような配慮をしていくことが必要だと考えています。
　現在でも、地方交付税等を活用してデジタル教材を購入して各学校で使用することはできるので、児童生徒の個々の状況に応じて適切なものがあれば、積極的に活用いただきたいと考えています。

（3）点字データを付加したマルチメディア教科書について、デジタル教科書として認められるか？

　言うまでもなく、児童生徒の障害の状態、教育的ニーズなどさまざまな要素を勘案したうえで、その子の能力を最大限発揮できるようにするにはどの学習方法が良いのかを考えながら、その子に最も適した教材を使用することが重要です。
　障害を有するすべての児童生徒がマルチメディア教科書を必要とするとは限りませんが、児童生徒の障害の状態によっては、複数のメディアを通じて教科書の内容に触れることが有効な場合もあると考えられるので、ぜひ積極的に御研究いただき、成果を挙げていただきたいと思います。

3、マルチメディアデイジー教科書普及の課題

（1）視覚障害者用デジタル図書
　現在、見えない人、見えにくい人のためのデジタル図書としては、マルチメディアデイジー図書とテキストデイジー図書がある。マルチ

メディアデイジー図書は、テキストデータと人の音声または合成音声を同期させたもので、テキスト、音声ともに正確に校正されている。一方のテキストデイジー図書は、テキストデータをデイジーで編集したもので、テキストは正確に校正されているが、音声は、聴き手が持っている端末の合成音声で聴くことになる。現段階では、日本語、特に漢字の読みにおいて、完全に正確に読みあげるソフトは存在しないというのが課題である。正確さを要求される教科書においては、マルチメディアデイジーを採用するしかないと言うのが現状である。

　なお、日本点字図書館では、平成26年度中に正確な点字データも同期させる研究をしており、端末に点字ピンディスプレイを接続すれば、音声、テキスト、点字が同期されたマルチメディアデイジー教科書が製作できるようになる。

（2）デジタル教科書の効用

　一般の児童生徒がデジタル教科書で勉強するようになった時、同じ教室で勉強している視覚障害児だけが、紙の点字教科書を読んでいるといった状況は避けなければならないのは当然である。パソコンが画面読み上げソフトで操作できるように、デジタル教科書の端末にも音声案内が付き、点字ピンディスプレイが接続できれば、端末の操作は十分にできる。マルチメディアデイジー教科書を提供すれば、一般の児童と同じ教室で同じように勉強できるのである。しかも電子黒板にもアクセスできるし、インターネットにもアクセスできる。電子黒板などを使って発表や話し合いをする時にも、一般の子どもたちと対等にできることになる。現在のように紙の点字教科書を読んでいるというだけでなく、目の見える子共たちと遜色（そんしょく）がない学習が実現する可能性が高い。視覚障害児にとっては、ないがしろにでき

ない必要な対策だと言わざるを得ない。

（3）視覚障害児用デジタル教科書の課題
　しかし、あと何年もない間にマルチメディアデイジー教科書の実現性が検討されるのか心配は尽きない。報告書の中にも「特別支援学校における取組」が触れられているが、検討されたのは盲学校ではない。ましてや視覚障害の子どもたちに、マルチメディアデイジー教科書を提供するのかはまったく触れられていない。
　さらに不安なのは、デジタル教科書の内容とマルチメディアデイジーの製作体制である。報告書にも「画像や動画を活用した分かりやすい授業により、興味・関心を高め学習意欲が向上する」とある。しかし、目が見えない子どもにとって、この画像や動画は曲者と言わざるを得ない。今の教科書でも絵や写真、図がふんだんに使われていて、点字教科書を作る点訳者にとっては悩みの種である。簡単な図なら、触って分かる触図にすることができるが、複雑な図や写真をどうやって目の見えない子どもに伝えるのかは、点字教科書を作る時の大問題である。それにデジタル教科書に動画が加わったらどうなるのか？音声解説を付けるとか、解説文を付けるとか、教科書出版社が教科書を編集する時に配慮してもらわないと解決できない課題である。
　もう一つの課題は、マルチメディアデイジー教科書の製作体制である。現在でも主に学習障害児にマルチメディアデイジー教科書が作られている。中核になっているのは日本点字図書館、日本障害者リハビリテーション協会、日本ライトハウスである。中でもリハビリテーション協会は全国のいくつものボランティアグループと連携して、学習障害児の教科書を提供している。日本点字図書館は理数系教科書をマルチメディアデイジー化しており、リハビリテーション協会やライト

ハウスは文系教科書を受け持っている。見えない子どもは点字と音声で、見えにくい子どもはテキストの文字拡大と音声で、マルチメディアデイジー教科書を十分に使える。しっかりと文字で内容を確認できるのである。

　しかし、どこの自治体に視覚障害児や学習障害児がいて、マルチメディアデイジー教科書が必要になるか予想はできない。平成26年度、小・中学校だけでも検定教科書は117種もある。極端なことを言えば、すべての検定デジタル教科書に対応しなければならないかもしれない。現在のマルチメディアデイジー教科書の製作状況を見ると、すべての検定デジタル教科書に対応できるとはとても考えられない。小・中学校の子どもたちへの提供は文科省に責任を持ってもらう以外にないのではないかと思われる。

　2020年を目標に検定教科書に関する法律を改正してデジタル教科書が導入されるなら、とてもぼんやりしてはいられない。インクルーシブ教育で学ぶ見えない子どもや見えにくい子どもが、教室でお客さま扱いされることは許されない。私としても機会あるごとにこうした状況を訴えていきたいと考えている。

4-2
デジタル教科書製作・提供の現状

野村　美佐子

公益財団法人 日本障害者リハビリテーション協会 情報センター長

1、はじめに

　2008年9月の「児童及び生徒のための教科用特定図書等の普及の促進等に関する法律（教科書バリアフリー法）」の施行と教科用拡大図書等の作成のための複製等について定めた「著作権法第33条の2」の改正は、マルチメディアデイジーによる教科書の製作を可能にした。これらの法に基づいて、公益財団法人日本障害者リハビリテーション協会（以下リハ協という）は、非営利のデイジー製作団体と共に、マルチメディアデイジー教科書（以降デイジー教科書という）を製作し、通常の教科書を読むことが困難な小学校および中学校の児童および生徒に提供を始めた。

　2009年4月には、バリアフリー法に基づき教科書出版会社からのデータ提供が始まり、2010年1月の著作権法第37条3項改正の施行によりリハ協は、4月に政令指定を受け、同年10月には、一部制限はあるものの、製作されたデイジー教科書のダウンロードでの提供を開始した。

　本稿では、マルチメディアデイジー教科書の製作および提供の現状と課題について述べる。

2、マルチメディアデイジー教科書の製作について

　教科書のデイジー化は、テキストや画像の表示と音声の出力を同期させるマルチメディアデイジー図書の形式で行われている。現在のデイジー3仕様は、国語の教科書のような縦書き・ルビに対応していないため、デイジー2.02仕様をベースに日本語固有の表示を拡張した独自のファイルフォーマットで製作を行っている。国語以外では、横書きでの製作が行っている。「使用する」製作ソフトは、リハ協が無償で提供する製作ソフト「Sigtuna DAR3」、英国の会社が開発した製作ソフト「Dolphin Publisher」の日本語版、また算数、数学などのデイジー化をするソフト、「チャティ・インフティ（Chatty Infty）」が主に使用され、最近ではマイクロソフトと共同で開発した「デイジートランスレータ」とデイジーコンソーシアムが提供する無償のソフト「TOBI」がある。

　デイジー教科書の製作は、リハ協がコーディネートをする非営利の18団体の140人以上のボランティアによって行われている。教科は、国語、算数、理科、社会、歴史、公民、英語など227冊が製作されている。音声についてはほとんどが肉声で録音したものだが、合成音声を使用しているものもある。

　デイジー教科書のダウンロードにおいては、管理フォルダーと再生ソフトの機能を併せ持つ「デイジーポット」の使用が2012年より開始した。同サイトへのアクセスが楽になったとの利用者の先生と保護者の評価を得ることができた。デイジー教科書を再生するためには、PC用として当初「AMIS」と呼ばれ無償のパソコン用再生ソフトを使用している者が多かったが、機能が限定されているが「Easy Reader Express」日本語版を最初から付加していることもあって使用してい

る者も多くなっている。有償であるがフル機能を持つ「Easy-Reader Express」をも使用されている。またiPadやiPhone用アプリの有償版「Voice of デイジー」を使用している者もいる。昨年のバージョンアップで、インターネット環境があれば直接ダウンロードサイトにアクセスできるようになった。音声だけを聞くための小型の専用機器「PLEXTALK Pocket」などを使用している者もいる。

【再生ソフト「Easy-Reader Express」を使ってデイジー図書「ごんぎつね」を再生】

3、教科書の提供の現状

　デイジー教科書の利用者数については、提供が始まった2008年度には製作数が80人で、2013年度は、1386人、そして2014年9月時点で1529人である。利用者が今後、増加していくことが予想される。しかし、文部科学省が平成25年12月に公表した「通常の学級に在籍する発達障害の可能性のある特別な教育的支援を必要とする児童生徒に関する調査」によれば、通常学級において、知的発達に遅れはないものの学習面又は行動面で著しい困難を示すとされた児童の割合は6.5％になることが分かった。また「読む」または「書く」ことに困難を示す推定値が2.4パーセントとしている、このことは、まだ現時点での利用者数では、必要とする対象者には届いていないことを示唆している。

　デイジー教科書利用者の障害は、発達障害（LD，ADHD，広汎性自閉症）を始めとして、眼球運動の障害、上肢障害、脳性マヒ、知的障害、視覚障害（全盲・弱視）、構音障害などさまざまであったがいずれも読むことに困難を抱えている。

　また利用者が在籍する学級には、特別支援学校、特別支援学級、通常学級、そして通常学級にも在席し、学習が困難科目について特別な指導を受ける場である通級指導教室がある。彼らの多くが、通級指導教室の個別学習や家庭学習に使っており、通常の学級での使用もあるが事例は少ない。

　デイジー教科書の効果について、欧米諸国でも聞かれたことであるが「読むことへの抵抗感、苦手感、心理的負担が減った。」こと、「読むことの意欲につながった」こと、「音声や文字と共に示される黄色（色の変更は可能）ハイライトが集中力を高めてくれた」などを挙げてい

る児童・生徒の親が多かった。当事者からは、「これなら読める！」とのコメントがあった。

4、デイジー教科書の課題

　デイジー教科書製作において、現在主として利用されている無償の製作ソフトが現在のOSでは支障が出てきており、新たなソフト開発が必要である。しかし、このニーズに対応して積極的に開発する日本の企業が少ない。そのため、国によるこの現状の認識とソフト開発に経済的な支援が望まれる。また、商業ベースの電子書籍フォーマットであるEPUB3は、次世代のデイジー4の配布フォーマットが同じであるために、アクセシブルなEPUB3の電子書籍であれば、デイジーのすぐれたナビゲーションとアクセシビリティの機能が含まれる。今後EPUB3に移行する上においては、関連するツールの開発が必須であり、日本語を配慮したマルチメディアデイジー教科書を再生するEPUBリーダーの充実が求められる。同時に教育用としてEDUPUBというデジタル教科書の標準仕様についても検討することで出版会社も巻き込んだアクセシブルな電子教科書の実現を期待したい。

　上記の技術的な面での課題と共に現在は、デイジー教科書の存在を知らない行政や教育関係者が少なくない。今後教育委員会などがデイジー教科書の提供拠点として学校や教師へ周知する体制が必要である。また、学校のパソコンへの再生ソフト、デイジー教科書データのダウンロードなどに制限がかかっており、その管理は教育委員会で行われていると考えられるので、ダウンロード制限の解除のためには、教育委員会の協力が必要である。さらに教育委員会は、デイジー教科書の活用についてICT技術に問題を持つ先生の支援体制を構築すべき

だと考える。その問題に関連して文科省は、今年の9月から全国5か所に分けて、教育委員会および教員を対象としてデイジー教科書の周知を図るのでその効果を期待したい。

　教科書バリアフリー法において、デジタル教科書は、提供者がいれば誰でも作成することができるようになったが、現在はデイジー教科書の製作・提供は主にボランティアが担っており、ボランティアであるがゆえの限界がある。国が主導して出版会社にデイジーのようなアクセシブルなデジタル教科書を製作する義務を課すというような法的な面から対応ができないかと考える。

　また同法において提供対象者が「視覚障害、発達障害その他の障害により教科用図書に掲載された著作物を使用することが困難な児童又は生徒」という規定になっているが、「帰国・外国人児童生徒」などからの要望が多い。これらのニーズに合った同法の改正をすることで、デイジー教科書がさらに多くの読むことに困難がある人々に貢献できる可能性がある。

5、おわりに

　日本は、2014年の1月に国連障害者権利条約を批准したが、この批准に向けてすでに、障害者基本法の改正や障害者差別禁止法（施行は一部の附則を除き平成28年4月1日）が制定された。デジタル教科書・教材については、文科省の「合理的配慮等環境整備検討ワーキンググループ」の報告の中で、同権利条約で謳う合理的配慮に向けた基礎的環境整備と位置付けている。

　2014年7月に発表された国による知的財産推進計画において、「デジタル教科書・教材の位置づけ及びこれらに関連する教科書検定制度

の在り方について本年度中に課題の整理を行い2016年度までに導入に向けた検討を行い、結論を得て、必要な措置を講ずる。」とし、「デジタル教科書・教材に係る著作権制度上の課題について検討し、必要な措置を講ずる。」としているので、これらの計画に、読むことに困難がある児童・生徒の学習や社会参加を保障するためにデジタル教科書のアクセシビリティの検討も盛り込むことを切に望む。

【参考文献
・エンジョイ・デイジー　ホームページ
　http://www.dinf.ne.jp/doc/daisy/】

4-3
アクセシブルなデジタル教科書
「マルチメディアデイジー教科書」製作の現状と課題

久保田　文

社会福祉法人日本ライトハウス情報文化センター 製作部部長

　マルチメディアデイジー教科書は、墨字の教科書をデイジー化したデジタル教科書で、パソコンやタブレットなどで専用再生ソフトウェアを使って読む。

　最大の特徴は、教科書の情報を目と耳で同時に確認しながら読めるということである。文字列がハイライトすることでどこを読み上げているかが一目でわかり、音声を聞くことで内容の理解ができる。文字の大きさや色の組み合わせ、音声のスピードを簡単に変更することができるので、墨字の教科書だけでは内容を理解することが難しいディスレクシアや弱視の子どもにとって、読みやすくわかりやすいデジタル教科書と言える。

第一学習社「高等学校生物」

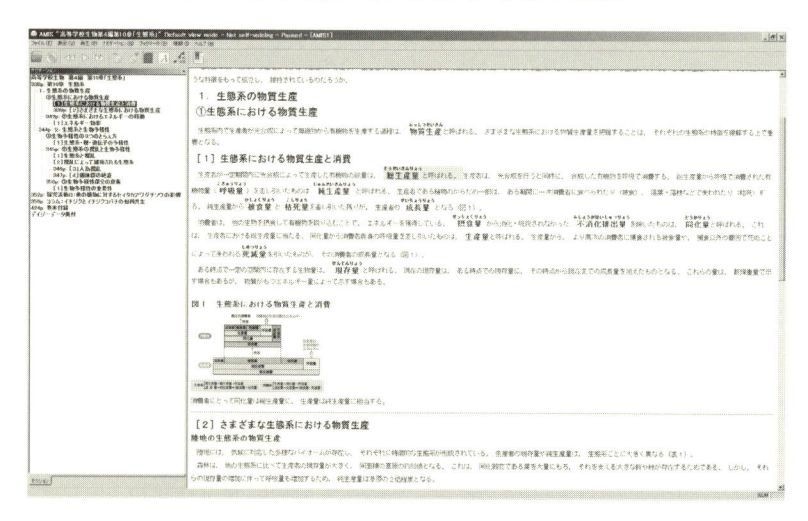

1、安定供給に向けて求められる法整備と予算化

　墨字の教科書を読むことに困難のある児童生徒は一人ひとり違うニーズや課題を持っており、マルチメディアデイジー教科書はその要望に対応できるデジタル教科書である。例えば、読み上げている文字列のハイライトの範囲をある程度長くするか、それとも小さな意味のまとまりごとにするか。漢字へのルビは教科書通りが良いのかすべての漢字に振るのか、あるいは不要なのか。1ページあたりの文字の量や行間、ページの余白などはどの程度が読みやすいのか。図や写真に対する音声解説は必要なのか不要なのか、などである。

　マルチメディアデイジー教科書の有効性はここ数年で教育関係者を中心に認知されるようになり、利用者も増えているが、需要に対して供給がまったく追いついていない状況が続いている。

　要因の一つは、教科書バリアフリー法が施行されて6年になるにも関わらず、いまだマルチメディアデイジー教科書に対する予算化がされていないことにある。国費で保障されている点字教科書・拡大教科書と異なり、いまだマルチメディアデイジー教科書への公的な保障は一切無い。品質と安定供給が求められる教科書の製作をすべてボランティアで行っている状態であり、製作団体は、常に人員の確保および人件費、資材費の工面に苦慮している。

　2014年現在、マルチメディアデイジー教科書を製作している団体は約20あるが、そのほとんどがボランティア団体で、ごく一部が、日本ライトハウスや日本点字図書館といった情報提供施設である。

　教育における合理的配慮では、一人ひとりの状態や教育的ニーズに応じて個別の対応が求められている。本来、その児童生徒が読める形式の教科書を供給するのは国・自治体の義務であり、情報提供施設や

ボランティア団体にはそれぞれの役割があるはずである。

教科書会社からマルチメディアデイジー形式の教科書が提供され、その教科書のカスタマイズを地域のボランティア団体が行い、教育委員会・学校・児童生徒とボランティア団体の間で製作・提供のコーディネート、および使い方などのサポートなどを情報提供施設が行うのが理想だが、実際には、教科書会社から提供されているデータはPDF形式であり、ボランティア団体も情報提供施設も、そのデータをマルチメディアデイジー化するので精いっぱいの状態である。

また、義務教育修了後の支援体制の不備も大きな問題である。

読み書きに困難のある生徒の多くが高等学校へ進学するが、入学後はマルチメディアデイジー教科書の確保にたいへんな苦労をしている。高等学校のマルチメディアデイジー教科書が圧倒的に不足しているのだ。高等学校の教科書数は義務教育課程の400タイトル弱に比べ約1000タイトルと非常に多い。そのうえ、1冊ごとの情報量が多く内容も複雑で、専門知識をもった製作者が必要になる。そのため、高等学校のマルチメディアデイジー教科書を製作している団体は数えるほどしかない。

彼らの就職と自立、あるいは高等教育を受ける機会と可能性をつぶさないためにも、高等教育修了までの教科書・教材を保障する法整備と、製作・提供のための予算化が急務である。

2、多様化する機器・ソフトウェアへの対応

マルチメディアデイジー教科書の製作団体には、多様化する再生機器・ソフトウェアに対応するために、複数の製作ツールや新たなデイジー編集ソフトウェアの導入、技術研修などが求められる。

児童生徒がマルチメディアデイジー教科書を使用する環境は、主にWindowsパソコン、スマートフォン、タブレットの３種類である。使用する環境によって、表示やレイアウトが変わる可能性があるため、製作団体では常に再生ソフトウェア・アプリの最新情報を入手し、必要であれば製作方法を変えたり、１教科で複数のマルチメディアデイジーデータを提供するなどの工夫を行っている。

３、自治体、学校の理解を求めて

　マルチメディアデイジー教科書の製作には時間がかかるため、読み書きに困難のある児童生徒の親からマルチメディアデイジー教科書の製作依頼が来たとき、製作団体は学期ごとの授業範囲を把握したがる。１学期は80ページまで、２学期は200ページまで、というように授業の進行に間に合うように製作し、出来た順から細切れに提供していくしかない状況がほとんどだからだ。

　この年間スケジュールは児童生徒の親から学校に問い合わせてもらうのだが、反応は学校によってまちまちである。協力的な学校もあれば、マルチメディアデイジー教科書への理解が得られずなかなか回答がもらえない学校もある。また、高等学校などは使用する教科書そのものが入学するまでわからないということも少なくない。これらの情報が得られないのは製作団体にとってかなり不安な要素ではあるが、学校から子どもへの風当たりがきつくなることを恐れる親の気持ちも理解できるため、黙々と製作するのみという状態になる。

　マルチメディアデイジー教科書をできるだけ早く児童生徒に渡すためには、自治体、学校の理解と協力が不可欠である。

次節からは、マルチメディアデイジー教科書の製作団体の取り組みを紹介する。

4 デジタル教科書で「何を」教えるか

4-4
デジタル教科書の製作現場より（１）
ボランティア団体の取り組みと課題（NaD・ナディー）

濱田　滋子
NPO法人NaD代表

１、通常の学級に在籍する見えているのに読むことに著しい困難を示す子どもたち

　視覚障害以外に、見えているのに読むことに著しい困難を抱えている読み障害のことはあまり知られていない。私の娘はその一人である。小さな頃は絵本を読んでもらうのを楽しんだ。ところが小学校にあがってもいつまでも読みがたどたどしかった。

　娘は文字を読み進めるのに時間がかかる。一文字一文字を読むため、ことばをまとまりとしてとらえるのがむずかしい。それで内容理解に至らない。似た文字や似た言葉を読み間違える。特殊音節も苦手で、漢字も苦手である。人によっては文字が水の中でゆらいでいるように見えるとか、幾重にも重なって見えるとか、記号に見えるという人もいる。改行するとどこを読んでいたのかわからなくなる人、縦書きが苦手な人、読めるのに内容理解がともなわない人などさまざまな読みにくさがある。

　読み障害の原因は文字を音に変換するプロセスの音韻処理の障害や、単語など文字列全体をまとまりとして処理するプロセスの意味処理の障害といった、脳の情報処理の仕方に問題があると考えられる。（注１）

文部科学省が2012年におこなった、通常の学級に在籍する発達障害の可能性のある特別な教育的支援を必要とする児童生徒に関する調査では、学習面で著しい困難を示す者が4.5％おり、中でも「読む」または「書く」に著しい困難を示す者が2.5％いるという結果がでている。全国の小中学生約1012万人（平成26年度の文科省学校基本調査）のうち約25万人が「読む」又は「書く」に著しい困難を示しており、クラスに一人はいることになる。

　読み障害は、知的には遅れがなく、見た目には困難がわかりにくいので、まわりの理解を得るのがむずかしい。家族にも学校の先生にも理解されず、本人も気付かないことが多い。読めないことで学習成果をあげることができず、先生に勉強をさぼっていると誤解を受ける。たどたどしい読み方や漢字の読めなさがクラスの笑いものになってしまう。随分悔しい思いをする。そのようなことが学校生活の何年間も続く。達成感や成功感のないまま、次第にどうせバカだからしかたがないと学習をあきらめ、自信も自尊心も失ってしまう。社会人になっても同じことが繰り返される。

　読み障害をもつ井上智氏（注2）、南雲明彦氏（注3）、神山忠氏（注4）は著書やDVDで苦しい実情を伝えている。

2、読み障害の支援ツールとしてのマルチメディアデイジー図書

　娘が中2の時、マルチメディアデイジー図書のことを知った。それを見て役に立つと確信を持った。

　文字・音声・画像が同時に再生され、多感覚での情報入力が情報を補い合う。音声が付いていることで人の手を頼らずに読書ができる。読み上げる部分の文字のハイライトは音と文字を結びつける助けにな

る。また、読んでいる場所がわかりやすく、意味のかたまりをとらえやすい。そして集中できる。文字を大きくして苦手な漢字も確認できる。読み始めと慣れてからとで読む速さを変えることができる。背景色や文字の色を選ぶことができる。センテンスを何度も聞き直すことができる。ナビゲーションにより、章や節やページの移動がスムーズにできる。

　デイジー図書を利用すれば文字を追うことに費やしてきたエネルギーを軽減し、内容理解に力を注ぐことができる。また、人に頼ることなく読書を自立しておこなうことができる。自分もやればできると自信がつき、自立心や自尊感情を持つことができる。

3、ボランティアの取り組みと課題

　NPO法人NaD（ナディー）は、読むことに困難のある子どもたちにマルチメディアデイジー図書を提供して、彼らを読書の世界につなぎたいという思いで2003年に発足した。活動をするうち、教科書をマルチメディアデイジー化してほしいという要望が多くあがってきた。2006年からは教科書のマルチメディアデイジー化に活動を特化した。当初デイジー化の作業は、テキストや画像をパソコンに取り込むところから始めた。次に、それに音声を付けたり文字にハイライトを付けたりできるアクセシブルなデイジーデータに作りかえ、さらに利用者一人ひとりに合う形にカスタマイズし提供した。

　2009年からはデイジー教科書ネットワークに参加した。このころからテキストと画像データは文科省から提供されるようになった。第一段階の手間は省けたとはいえ、デイジー教科書の依頼が増え、ボランティアでは製作が追いつかなくなる。そのため、ガイドラインに沿

った方法でデイジーデータを製作することで精いっぱいで、個人の要望に対応したカスタマイズをするに至っていないのが現状である。

　デイジーの利点は、読む人のニーズに適した形にカスタマイズできることである。一律な形のものでは使いづらく利用をあきらめてしまう子どもたちがいる。そのためテキストの区切りの変更、画像情報の追加、漢字への対応、情報量の調整など、デイジーデータを編集する必要が生じる。エンドユーザーの近くにいるわれわれ地域のボランティアは、ユーザーからの個別の要望を聞き取り、アクセシブルなデイジーデータのさらなるカスタマイズに力を注ぎたいと思っている。

　個人の要望に対応したカスタマイズを実現するためには、出版社にデイジーデータの提供をお願いしたい。特に義務教育の根幹をなす教科書については、さまざまなニーズのある児童・生徒が読めるように国が責任をもつべきであり、国は早急に教科書出版社に合理的配慮としてのアクセシブルなデイジーデータの提供を義務付けるべきである。

　出版社からのアクセシブルなデイジーデータの提供と、さらに地域のボランティアによるユーザーに対応したカスタマイズにより、すべての人の読む権利が保障される社会環境が整えられると考える。

【注１：『発達性読み書き障害への障害特性に応じた読み支援法の開発』研究代表 奥村智人　大阪医科大学LDセンター（2012）】
【注２：井上智・賞子：著　『読めなくても、書けなくても、勉強したい』ぶどう社（2012）】
【注３：南雲明彦：著　『LDは僕のID』中央法規（2012）
【注４：神山忠：DVD製作　『学習障害の告白と作戦』バリアフリー出版研究所】

4-5
デジタル教科書の製作現場より（2）
学びの先の自立と社会参加をめざして
―日本ライトハウスの取り組み―

久保田　文

社会福祉法人日本ライトハウス情報文化センター　製作部部長

　日本ライトハウスは1922年に点字図書の出版を開始してから90年余り、視覚障害者が読める図書の製作・提供に力を注いできた。そのあゆみは単なる継続の歴史ではなく、利用者の希望にこたえるため身を削って支援技術の研究と技術者の養成を行ってきた進化の歴史であると自負している。1959年に「声の図書館」を開設してテープ録音図書の製作を開始し、1979年に情報提供事業を受け持つ盲人情報文化センターを開館してからは、対面リーディングサービス、音声デイジー図書の製作・インターネット配信サービス、マルチメディアデイジー図書・教科書の製作、テレビ・映画への音声解説事業なども行ってきた。現在の「情報文化センター」は、サービスの対象を視覚障害者だけではなく墨字著作物を読むことが困難な読書障害者の方々全般に広げようと、2009年の新築開館を機に名称から「盲人」の文言を取ったものである。

　マルチメディアデイジー事業は、2008年、ディスレクシアの中学生の父親からの、子どもの教科書をマルチメディアデイジー化してもらえないかという1本の電話から始まった。世の中には視力に問題が無くても墨字の教科書を読むことが困難な子どもが少なからずいて、授業についていくことができない状況にあることを知り、子どもたち

の教育を受ける権利を守らなければという一心で製作を開始した。翌2009年度には2人の専任職員を配置して事業を本格化。ボランティアの養成をしながら、主に地域の小中学校で学ぶディスレクシアの児童・生徒の教科書、児童書の製作を行った。2012年度からは高等学校の教科書をメインに、受験のための参考書、資格取得のためのテキスト、就活・就労のためのマニュアルなども製作・提供し、子どもたちの自立に向けたサポート事業と位置付けて今に至る。

1、合成音声と肉声の併用による品質の確保と製作時間の短縮

　日本ライトハウスでは、2009年度から、学年や教科、利用する生徒によって合成音声と肉声の両方を使いわけながらマルチメディアデイジー教科書を製作している。

　当初、合成音声は、支援していたディスレクシアの中学生の合成音声に対する訓練を目的に導入した。義務教育課程では全主要教科のマルチメディアデイジー教科書が提供されていても、高等学校、大学へと進学するに従い、すべての教科書・教材をマルチメディアデイジー化するのは人的にも時間的にも困難になっていく。いずれは、生徒が自分でテキストデータを入手し合成音声で読み上げさせることも必要になるはずで、今から合成音声に慣れておくことが有効だろうと考えたからだ。

　しかし、年々合成音声の品質も向上し、今では製作時間の短縮に必要不可欠なツールとなっている。特に中学校以上の社会科（歴史、地理、公民）や理科（生物、科学、地学）は合成音声での製作に向いており、固有名詞の読みに弱い合成音声は初回製作時こそ辞書登録に時間がかかるものの、2回目以降は登録した辞書を使うことで、人間が

読むよりも速く音声データを作ることができる。音訳者を確保するために時間を調整したり、スタジオを用意したりするといった作業も不要なので、マルチメディアデイジー教科書の製作時間もかなり短縮できるのだ。

　一方、図解やフローチャートでの表現が多い小学校の教科書や、国語、特に古典や漢文などは人間が読んだ方が速くて分かりやすい。英語で1単語ずつ丁寧に読まなければならない場合も、肉声の方が有効である。

　また、視覚障害児童生徒へのマルチメディアデイジー教科書は、写真、グラフ、地図などの視覚的資料に対する音声解説が必要であり、少なくともその部分だけは内容を理解した音訳者が読む必要がある。教科書の本文を合成音声で製作し、視覚的資料の解説を肉声で製作すれば、品質が保障されたマルチメディアデイジー教科書を速く提供することができるのだ。

2、自立と社会参加に向けた支援

　マルチメディアデイジー教科書の製作・提供を開始して6年目になるが、当センターで支援してきた子どもたちが高等学校に進学し、自分の将来に非常な不安を抱えているのを見たときに、マルチメディアデイジー教科書の提供はその先の自立につながるものであるべきだと気づいた。高等学校でマルチメディアデイジー教科書に対する学校側の理解を得ることは義務教育課程以上に難しく、マルチメディアデイジー教科書があったとしても、授業に遅れがちになり、クラスメイトともなじめず学校生活そのものが苦痛になってしまうことも少なくない。

本人も親も転校や退学を考えて苦しんでいるが、高校ぐらいは卒業しておかなければ就職できないだろうという不安や、大学に行けば自分の得意分野を伸ばせるのではないか、将来の夢もかなうのではないかという希望を健常者以上に持っており、だからこそ勉強したい、進学したいと強く願っている。マルチメディアデイジー教科書で授業を受けることが最終目的ではなく、自分に読める教科書がある、勉強ができると理解することで自信がつき、将来に向かって進むことができるのだ。

　現在、日本ライトハウスのマルチメディアデイジーによる主な支援対象は義務教育後の生徒にシフトしており、本人・親からの相談に応じて、教科書、参考書とともに、就労・就活・生活支援のマニュアル本なども提供しながら、学校生活のその先にある自立と社会参加につながる支援を心掛けている。

日本ライトハウス
「マルチメディアデイジー教科書・図書ダウンロードページ」

【当センターで製作したマルチメディアデイジー教科書、児童書、一般書はウェブ配信サービスで提供されている。】

3、事業の継続と安定化に向けて

　マルチメディアデイジー教科書の製作・提供事業において最大の課題は、製作体制の安定維持である。ディスレクシア、発達障害などの読みに困難のある子どもたちへの教育、就職分野での公的な情報保障は無に等しく、事業開始時の2008年から今日まで、助成金と自助努力で事業を行わなければならない厳しい状況が続いている。

　学校や自治体によるマルチメディアデイジー教科書への理解の格差も大きく、本人がマルチメディアデイジー教科書を望んでも、使用を認めない、予算化もできないという自治体が多くある。

　日本ライトハウスでは、2010年度から教員・保護者を対象とした「マルチメディアデイジー教科書体験・活用セミナー」を開催し、墨字の教科書だけでは意味を理解するのが困難な子どもたちの現状と、マルチメディアデイジー教科書の有効性を周知する活動を行っている。

【現在、2人の専任職員と約50人のボランティアがマルチメディアデイジー教科書・図書の製作に関わっている。】

4-6
デジタル教科書の製作現場より（3）
製作の効率化と多様なニーズへの対応をめざして
―日本点字図書館の取り組み

澤村　潤一郎

社会福祉法人 日本点字図書館 録音製作課 電子書籍製作室グループリーダー

1、製作の効率化をめざして

　日本点字図書館がマルチメディアデイジー教科書の製作と提供に取り組み始めたのは、2011年からである。そのニーズと有効性に注目しつつも、当館がそれまで着手できなかった背景には、大きく二つの要因があった。まず、障害児童生徒向けデジタル教科書に対しては今日まで何ら公的予算措置が取られていないため、製作と提供のための資金を自前で用意する必要があったこと。そして、既存の製作ツールに使い勝手のよいものがなく、従来の業務体制では負担が大きいと容易に想像できたことである。つまり、当館においてデジタル教科書の製作と提供は、事業として成立しにくいものだったのである。

　こうした状況から一歩踏み出すことができたのは、2011年度から複数の民間助成団体より、新たな製作ツールの開発とコンテンツ製作のための資金が得られるようになったためである。また同じころ、ディスレクシアをもつある高校生の母親から、マルチメディアデイジー教科書が不足して困っているという痛切な訴えを受けたこともきっかけとなった。さらに事業のパートナーとして、科学技術情報のアクセシビリティに関する研究開発と視覚障害者等への支援サービスを行っ

ているNPO法人サイエンス・アクセシビリティ・ネット（以下、サクセスネット）の協力が得られたことも大きい。

当館ではこうした状況を受け、2012年度から「電子書籍準備室」（2013年度より「電子書籍製作室」と改称）を設置し、新たなニーズに対応していけるよう体制を整えつつある。

新たな製作ツールの開発事業では、サクセスネットの研究者らが開発を手がけてきた科学文書エディタ「ChattyInfty」をベースとして、主に次の機能の実装に取り組んだ。

・高品質な合成音声によるマルチメディアデイジー・EPUB出力
・理数教科への対応
・高度なITスキルを要しない、ワープロライクな操作性

いずれも製作の効率化をめざしている。従来、マルチメディアデイジー教科書の音声には肉声が使われることが多かった。教科書の内容を読んで録音し、その音源をデジタルテキストに同期させるという作業は、製作者にとって非常に負担の大きなものである。手間がかかるだけでなく、音訳やITのスキルを要する。そこで、新たな製作ツールでは音声合成エンジンを組み込み、音声化作業と音源・テキストの同期作業を自動化することで、製作負担の大幅削減を実現した。採用したエーアイ社の音声合成エンジン「AITalk」は、音声が高品質なだけでなく、読みやアクセントを細かくしかも簡単に調整することができる。既存の製作ツールにも音声合成エンジンを用いるものはあったが、こちらの方がより肉声に近い仕上がりが得られる。

開発の一番の目玉は、理数教科への対応である。既存の製作ツールでは、複雑な数式・化学式がデジタルテキストで入力できない。また、肉声で録音するにせよ、合成音声を使うにせよ、製作者に理数系の知識がなければ適切な音声化も困難だった。そのため、理数教科のマル

チメディアデイジー教科書は、文系教科に比べて製作されることが少なかった。こうした状況を受けて、新たな製作ツールでは、高度な数式や化学式の簡単入力を実現しただけでなく、数式・化学式専用の音声変換辞書を作成して組み込むことで、音声合成エンジンでそれらの適切な音声化も自動で行えるようにした。読み方の全国基準が存在しない数式・数学記号に関しては、大学教授・視覚特別支援学校教諭、障害当事者の保護者からなる委員会を組織し、適切な読み方を１年にわたって検討してもらった。

　このような機能にワープロライクな操作性を備えた製作ツールを「ChattyInfty3 AITalk版」と名づけ、これを用いたマルチメディアデイジー教科書の製作者養成を行なったのは2012年のことである。東京の当館と、サクセスネットの地元・福岡市で講習会を開催し、約20人の製作者を養成した。2014年度からは、製作環境のさらなる向上をめざして、ChattyInfty3 AITalk版のWebアプリケーション化に取り組んでいる。

ChattyInfty3 AITalk版

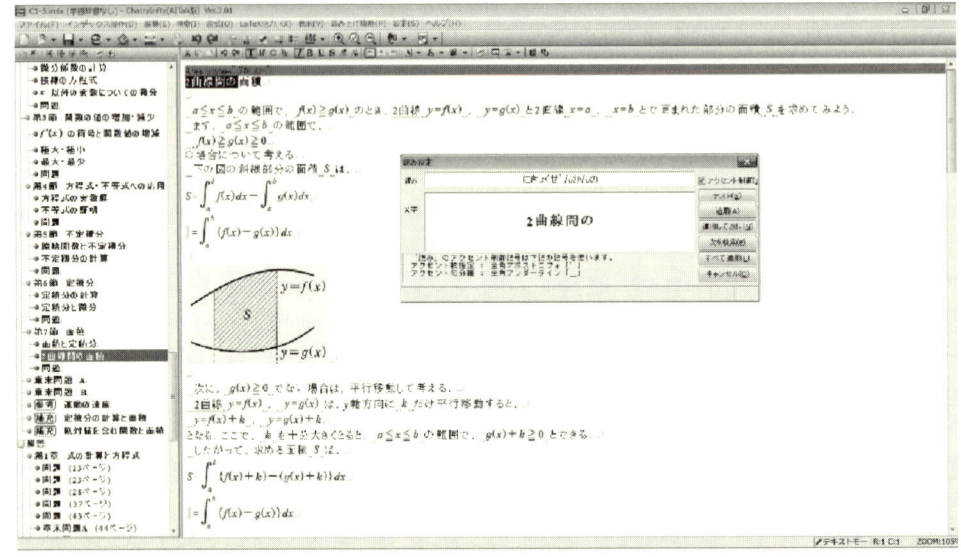

2、視覚障害教育におけるニーズ

　当館では、ChattyInfty3 AITalk版を用いてこの3年間に小学校から高校までの教科書・教材約40タイトルをマルチメディアデイジー化し、ディスレクシアや視覚障害をもつ児童生徒に提供してきた。これまで他の施設・団体で手がけられることが少なかった算数・数学・化学・物理・生物など理数教科を中心に製作し、全国的な不足を補おうと努めている。小・中学校の教科書は、提供の全国的窓口である公益財団法人日本障害者リハビリテーション協会の配信システムを通じて利用者に提供されている。高校の教科書については、現在全国的な窓口がないので、直接依頼を受けた場合に個別対応している。

　これまでマルチメディアデイジー教科書は、主にディスレクシアなど学習障害のある児童生徒に対する有効性が注目されてきたが、当館では視覚障害教育における有用性にも注目している。

　提供事業を行うなかで出会った視覚障害生徒たちは、マルチメディアデイジー教科書を、ノートパソコンやiPad、デイジー専用再生機など、それぞれ障害の程度に応じて自分に合った端末を選んで活用していた。特に弱視の状態から視力が徐々に落ち、学習方法を墨字から点字に切り替えた生徒たちには、マルチメディアデイジー教科書がよろこばれている。点字での読み書きに習熟するにはある程度の年月を要するため、その間マルチメディアデイジー教科書のデジタルテキストや音声が、補助教材として有用だからである。

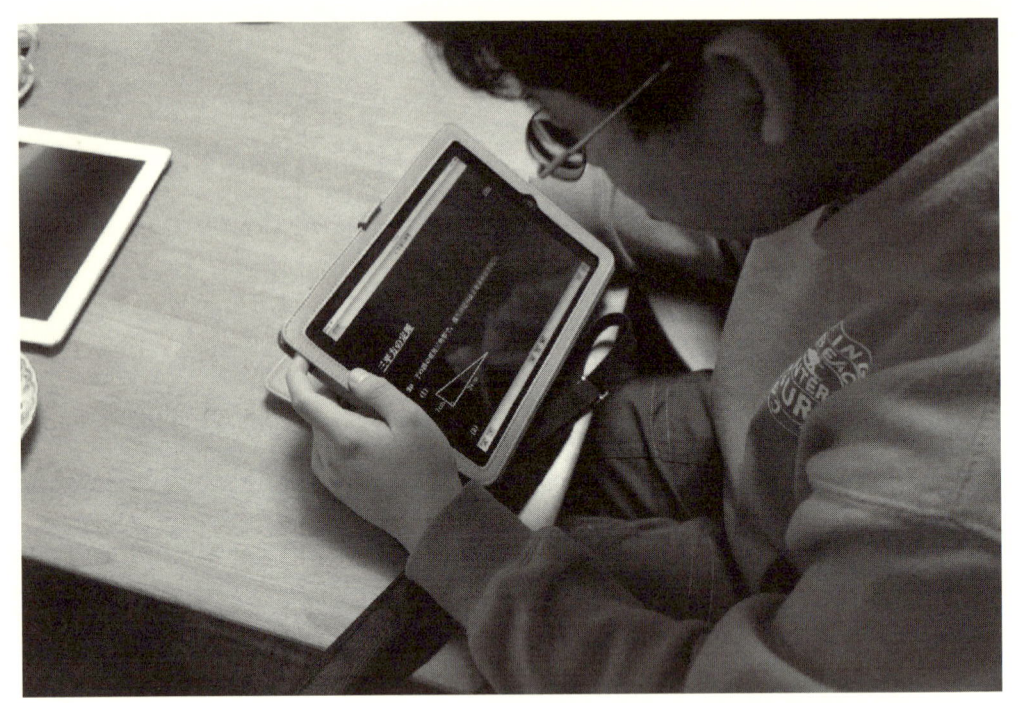

【iPadでマルチメディアデイジー教科書を読む視覚障害生徒】

3、多様なニーズへの対応をめざして

　当館の電子書籍製作室では現在、ChattyInfty3 AITalk版を用いた理数系のマルチメディアデイジー教科書のほか、他の複数の製作ツールで肉声を用いた文系のマルチメディアデイジー教科書や一般図書、さらにテキストデイジー図書の製作・提供にも取り組んでいる。

　テキストデイジー図書については、2013年10月より日本アイ・ビー・エム、東京大学の協力のもと、「アクセシブルな電子書籍製作実験プロジェクト」を実施している。これは、Web上のコミュニティ・サイトで障害当事者から製作リクエストを受け付け、クラウドソーシングの仕組みでテキスト校正を行うことにより、提供の迅速化を図るものである。教科書・教材に限ったプロジェクトではないのだが、大

学に在籍する視覚障害者学生から修学・就労のための図書をリクエストされることも多い。テキストデイジー図書の製作には音訳という作業を要しないため、図書の内容によってはリクエストを受け付けてから数日から数週間で提供できる場合がある。まだ実験的な取り組みではあるが、高度な内容を大量に学習しなければならない大学生にもよろこばれており、今後有用なサービスとなる可能性がある。

　このように日本点字図書館では、従来の点字図書館の枠組みにとらわれず、日進月歩の支援技術とICTを積極的に取り入れ、多様なニーズに対応ができる施設をめざして日々取り組みを進めている。しかし、当館のような民間施設で受けとめることのできるニーズには、資金やマンパワーの面で限界がある。教科書バリアフリー法や障害者権利条約、2016年に施行される障害者差別解消法などにうたわれた理念が実現し、障害をもつ児童生徒・学生たちの学習環境がしっかりと保障されるためには、教科書・教材流通の上流を担う出版業界や教育行政、教育現場の主体的な取り組みも不可欠である。日常業務の現場でさまざまなニーズに接するたびに、そのことを強く感じている。

障害者の読書と電子書籍
見えない、見えにくい人の「読む権利」を求めて

⑤

障害者権利条約によって電子書籍はどう変わるのか?

5 国内法整備と著作権

大胡田　誠
弁護士　つくし総合法律事務所所属

1、はじめに

　本稿では、視覚障害者の読書及び電子書籍端末の開発に関係する現行の諸法令の内容と課題を概観し、2014年1月20日、わが国が批准した障害者権利条約の規定を用いて、その課題を解決するためいかなる国内法整備につなげるべきかについて検討することとする。

2、視覚障害者の読書および電子書籍利用に関する現行著作権法の規定について

　著作権法においては、視覚障害者が書籍にアクセスすることが権利として保障されているわけではなく、通常の書籍を視覚障害者にも利用可能な方式に変換することが、特定の場合に著作権を制限する形で許容されているに過ぎない。そして、2000年以降、数度にわたる著作権法改正を経て、視覚障害者の電子書籍利用に関する法整備が行われてきた。

（1）点字について

　著作権法においては、書籍を、著作権者の許諾を得ずに点字で複製することが、著作権に対する制限として許容されている（法37条1

項）。点訳の主体については制限がない。点字図書館、公共図書館、学校、ボランティア団体、個人等さまざまな主体は、著作権者の許諾を得ることなく点訳を行うことができる。

2000年の法改正により、パソコンを用いた点訳（点字データの作成）および作成された点字データのインターネットを用いたオンデマンド型の配信（送信可能化及び公衆送信）が認められた。

（2） 音訳について

音訳については、点字図書館・公共図書館・大学図書館・学校図書館等（著作権法施行令2条）が視覚障害者その他視覚による表現の認識に障害のある者のために行う場合、著作権者の許諾を不要としている（法37条3項）。

当初、音訳資料については、テープやCD等に記録し貸し出すことのみ認められていたが、2006年の法改正により、上記の施設等が音訳データをインターネットでオンデマンド配信することも認められるようになった。

（3） テキストデータ化について（テキストデイジー等も含む）

従前、書籍の内容のテキストデータ化について、これを個人利用の範囲を超えて行うことは認められていなかった。しかし、2009年の法改正により、上記（2）で列挙した点字図書館等は、視覚障害者のため必要な範囲でテキストデータを作成すること及びこれをインターネット上でオンデマンド配信することが認められた（法37条3項）。なお法文上は、テキストデータ化とは記載されていないが、「その他当該視覚障害者等が利用するために必要な方式」の一つにテキストデータ化も含まれるとされている。

3、電子書籍端末等の通信機器の開発に関する規定について

　障害者基本法第22条3項において、「電子計算機及びその関連装置その他情報通信機器の製造等を行う事業者」は、「当該機器の製造にあたっては（中略）障害者の利用の便宜を図るよう努めなければならない」と定められており、電子書籍端末は「電子計算機及びその関連装置」に該当するので、メーカーはそれらの機器について視覚障害者の「利用の便宜」を図らなければならないはずである。

　そして、国及び地方公共団体は、「障害者が利用しやすい電子計算機及びその関連装置その他情報通信機器の普及（中略）が図られるよう必要な施策を講じなければならない」（同法21条1項）とされている。

4、現行法制度の課題

　上述した現行法制度には、視覚障害者の電子書籍利用を促進するうえで、次のような課題がある。

（1）　読書の権利が明確にされていないこと
　現行法制度の下では、視覚障害者への情報保障は著作権の制限という形で規定されているのみであり、視覚障害者が読書をすることが法的な権利とはされていない。このことが意味するのは、視覚障害者に生活や学習・研究等の場面で書籍へのアクセスが確保されていないとしても、そのことを視覚障害者の側から積極的に出版社等の事業者に対して主張し、救済を求めることができないということである。

（2）　多数のボランティアの存在が前提とされていること

　著作権法では、視覚障害者は、点字図書館等の介在によって作成された点字・録音・テキストデータ等を利用する方法で、書籍等にアクセスすることが想定されている。そして、点訳や音訳、テキストデータの作成等の作業には現状多数のボランティアが携わっており、これらボランティアの善意による献身的な活動無くしては成り立たない構造となっている。点字図書館等は積極的にボランティアの養成を行っているが、今後も継続して多数のボランティアが点訳・音訳等の活動に参加し、視覚障害者に対する情報保障の中核を担ってくれるという保証はないのである。

（3）　出版社に対して書籍の電子データの提供を義務付ける制度がないこと

　現在、一冊の書籍が出版されるまでの全工程のほとんどで電子データが用いられている。

　もしも、点字図書館やボランティア団体等が出版社から書籍の電子データの提供を受けられれば、自動点訳システムを用いた点訳資料の作成、高性能のTTSを用いた録音書籍の作成、テキストデイジー形式の書籍の作成が容易となり、点字図書館やボランティア団体等が、視覚障害者に対し、これらの形式の書籍を提供するまでにかかる時間や労力が大幅に削減できる。

　また、個々の視覚障害者が、紙の書籍を購入した場合、出版社等から電子データを提供してもらえるならば、視覚障害者は、最も簡易かつ即時に書籍にアクセスできるようになる。

　しかし、現行法制度では、出版社は、点字図書館等や視覚障害者自身に対して書籍の電子データを提供することは求められておらず、出

版社に対して、電子データの提供を依頼したとしても、ほとんどの場合これに応じてくれることはない。

（4）ユニバーサルデザインに配慮した製品開発のインセンティブがないこと

　前記のとおり、障害者基本法ではユニバーサルデザインに配慮した電子計算機およびその関連装置その他情報通信機器を開発することを要請しており、これには電子書籍端末を開発するメーカーが同端末を視覚障害者にも利用可能なものとすることが含まれるが、この規定は努力義務にとどまっており、実効性が上がっていないと言わざるをえない。

5、障害者権利条約における情報保障の規定

　日本は2014年1月20日、障害者権利条約を批准した。同条約は、障害者の人権及び基本的自由の保障、社会へのインクルージョン、あらゆる差別の禁止等を規定しているが、その中には、社会生活を営み人格を発展させるために情報が非常に重要であることに鑑みて、以下の様な規定が置かれている。

第9条　施設及びサービスの利用の容易さ
2　締約国は、また、次のことのための適当な措置をとる。（中略）
(g)　障害者が新たな情報通信機器及び情報通信システム（インターネットを含む。）を利用する機会を有することを促進すること。
(h)　情報通信機器及び情報通信システムを最小限の費用で利用しやすいものとするため、早い段階で、利用しやすい情報通信機器及び情

報通信システムの設計、開発、生産及び流通を促進すること。
第21条　表現及び意見の自由並びに情報の利用の機会
締約国は、障害者が、（中略）表現及び意見の自由（他の者との平等を基礎として情報及び考えを求め、受け、及び伝える自由を含む。）についての権利を行使することができることを確保するための全ての適当な措置を取る。
(c)　一般公衆に対してサービス（インターネットによるものを含む。）を提供する民間の団体が情報及びサービスを障害者にとって利用しやすい又は使用可能な様式で提供するよう要請すること（後略）

　このように障害者権利条約では、障害者が情報および考えを求め、受ける自由が「権利」であるとの認識に立ち、締約国が、一般公衆に対してサービスを提供する民間の団体（この中には出版社も含まれる）に、情報を障害者にアクセス可能な様式で提供することを要請すること、また、障害者による新たな情報通信技術の利用を促進すること等を求めている。
　国際条約は、憲法を除く国内法に優位する効力を有しており、障害者権利条約の締約国であるわが国は、この条約の趣旨に従った国内法整備を行わなければならない。今般の障害者権利条約批准は、上述したような、現行法制度の課題を解決する上で強力な法的裏付けとなるものと考える。

6、今後の国内法整備に向けての展望

(1)　出版社に対する電子データ提供の義務付けについて
　これまで、視覚障害者に対する書籍の情報保障は、特定の場合に著

作権を制限し、点字図書館等が点訳等を著作権者の許諾なく行えるようにする形で図られてきた。しかし、視覚障害者の書籍へのアクセスの問題を抜本的に解決するためには、あらゆる人にとって読書することは権利であるという認識に立ち、出版社等に対して、書籍の電子データを点字図書館やボランティア団体等及び視覚障害者個人に提供することを義務付ける以外にないと思われる。上記障害者権利条約21条の柱書及び（C）の規定は、そのような新たな法整備を行う上での法的裏付けとなるものと考える。

　前記4の（3）で述べたとおり、出版社が点字図書館やボランティア団体、個々の視覚障害者に電子データを提供することのメリットは非常に大きいが、一方で、不正コピーや目的外利用による著作権者や出版社の権利・利益の侵害をいかに防止するかが課題となる。

　ここで、障害のある児童及び生徒のための教科用特定図書等普及の促進等に関する法律（いわゆる「教科書バリアフリー法」）の仕組みが参考となる。同法では、障害児のための拡大教科書等を作成する点字図書館やボランティア団体等が求めた場合、教科書出版社は文部科学大臣等に対し、当該教科書の電子データ（PDF形式のデータが推奨されている）を提供することが義務付けられている（法5条）。文部科学大臣等はこのようにして提供された電子データを適正に管理するとともに、点字図書館やボランティア団体等にそのコピーを提供することとされている。

　確かに、教科書は、もっぱら教育目的に使用されるものであって、これを使用する障害のある児童・生徒の情報保障を図る必要性が高い。また、教科書として選定されると一定部数以上の販売数が確保されるため、出版社に対して電子データの提供という負担を課すことも受け入れられやすいという点で、教科書と一般図書では異なる点がある。

しかし、出版社による電子データの提供方法を標準化し、文部科学大臣等が一時的に電子データの提供を受け、これを適正に管理し、個別のデータ提供先についてチェック機能を果たすことで違法な複製や目的外利用を可及的に防止するという教科書バリアフリー法のスキームは、一般図書についても大いに参考になるものと考えられる。教科書バリアフリー法では、データの提供先は点字図書館やボランティア団体等に限られているが、違法な複製や目的外利用を禁止する法整備も併せて行えば、データ提供先をこれらの視覚障害者の支援者に限定することに合理性があるとは思われない。個々の視覚障害者が求めた場合には、出版社は、これらの者に対して、電子データの提供を行わなければならないとするべきである。

（2）　視覚障害者にも利用可能な電子書籍端末の開発に向けての法整備

　前述のとおり、障害者基本法ではコンピュータや関連機器を製造するメーカーに対し、障害者にも使用可能な製品とするよう努力義務が課されている。しかし、国産の電子書籍端末で視覚障害者にも使用可能なものはほぼ皆無であり、海外メーカーの電子書籍端末についても日本語対応が全くなされていないか、不十分な状態である。このような状況を打開するためには、各メーカーが視覚障害者にも使用可能な電子書籍端末を開発するインセンティブとなるような仕組みが必要である。障害者権利条約9条2項（G）及び（H）は、そのような制度の法的裏付けとなる。

　ここで参考となるのが米国のリハビリテーション法508条である。同法においては、連邦政府及び関係機関が調達する物品は障害を有する職員にも利用可能なものでなければならないとされている。連邦政

府は各メーカーにとって大口の顧客であり、これによってさまざまな機器のアクセシビリティが進んだといわれている。わが国においても、国や地方公共団体が調達する物品については、障害者にも利用可能なものとするよう義務付けることで、視覚障害者の使用可能な電子書籍端末の開発を促進することができるのではないかと考える。

7、おわりに

　筆者が司法試験の受験生であったころ、受験勉強に必要な書籍がほとんど点訳や音訳されておらず勉強を始めようにも始められないという時期があった。そんなとき、ある司法試験予備校がテキストや問題集のすべてをテキストデータで提供するという英断をしてくださった。これによって受験勉強の能率は格段に向上し、筆者は全盲ながら司法試験に合格することができた。筆者の人生は、電子書籍によって大きく開かれたのである。

　前述したような法整備にはさまざまな課題があるが、近い将来、視覚障害者が、電子書籍を通じてすべての書籍に自由にアクセスできるようになることを切望している。

障害者の読書と電子書籍
見えない、見えにくい人の「読む権利」を求めて

⑥

電子書籍は障害者の読書の世界を変えるか

6-1
読書困難者の情報バリアフリーを考える

岩井　和彦

堺市立健康福祉プラザ視覚・聴覚障害者センター

1、私と読書

　私は、2009年に『Let it be　夢は、情報バリアフリー』を上梓しました。視覚障害者が目が見えなくなった現実を目の前にして一番困るのが文字の読み書きができなくなったという自己喪失感であることを視覚障害者として半世紀以上を生きてきた体験をご紹介しながら記したのですが、その後の5年経ったいまでは読書環境も大きく変化してきました。本書の第1章の2節でもご紹介している視覚障害者情報ネットワーク「サピエ」がその一つです。

　しかし、ふとおかしいと感じる時があるのです。確かに視覚障害者の読書の世界は広がりました。その基本的なところを支えてくださっているのが多くのボランティアの皆様方なのです。活字図書を点字図書や音声訳図書にすること、すなわち、目で読むことを前提とした活字図書を手と耳で認識できるように媒体変換していただく活動があってこそ可能になっているという事実は昭和の初めから点訳活動に支えられてきた点字図書館の姿とそれほど違わないのです。ボランティアの愛という不確かな行為のおかげで私たちの読書する喜びを得ていることには変わりはないのです。

　もちろん、こうした愛に裏打ちされた活動に感謝するのは当然のこととして、そのために、今すぐに欲しいと思う情報、目の前のこの本

が読みたいと思っても我慢せざるを得ないときもしばしばあるのです。

例えば私の場合、拙著でも触れたように、私自身、大腸がんという病気を発症したときに、大腸がんの最新情報がほしいと切望しました。しかし、医療情報のような専門的な情報は全くと言っていいほどないのが現実です。

前述のように、私はそれまでも読書のバリアフリーに取り組んできて、一定の手応えを感じていたのですが、新たに末期がんという命にかかわる情報を求めたとき、医療に関する最新情報を手に入れることがどれほど難しいことかを痛感することになりました。書店にはがん関係の図書が山積されています。しかし、私にとってはただのつるつるの紙の束にすぎません。ボランティアにお願いして何か月か、ややもすると一年二年待って媒体の変換をしていただかないといけない。こうしたタイムラグを前提とした私たちの読書環境を変えていかなければならない。その可能性を持つのが電子書籍ではないかと考えています。

2、読むことは「生きること」

●「読書のバリアフリー」について

本は私たちの文化的な生活を支え心を豊かにしてくれるだけでなく、過去からの英知を受け継ぎ、未来へと引き継ぐべき崇高な知的財産と言えます。

しかし、日本には通常の活字図書をそのままでは読むことができない人がたくさんおられます。身体的な機能障害、読字障害、知的障害、認知障害などによって、文字の読み書きに支障のある人は、勉学上においても、職業上においても、そして日常生活においても十分なフォ

ローがなされることなく、さまざまな社会的不利益を被っている現実があります。我が国には、文字の読み書きに不自由を感じている人は、低視力の高齢者も含めると数百万人もおられるのです。

　1990年代半ばから、建物や鉄道などハード面を中心に「バリアフリー」がいわれるようになりましたが、これからは「読書」「情報」のバリアフリー、「文字の読み書きの不自由からの解消」に社会の目が向いてくれることを期待したいと思います。

●**電子書籍にかける期待**

　前述のように、今大きな期待を持っているのが読書困難者が読みたい時に本が読めるようになるためのタイムラグを防いでくれる可能性が大きい電子書籍ではないかと直感しています。

　電子書籍のネット書店、そしてまたソフトウエア、読書機器の普及が進んできています。これまで紙媒体でしか認められていなかった出版社における出版権が電子書籍においても認められるようになりました。今後、電子書籍の流通は一層促進されることでしょう。

　私たち読書困難者はこの動きがどのように進んでいくのか大きな不安を持っております。たとえば、テキストデータが抽出できない画像データのみの電子書籍では私たちは全くのお手上げです。

　今、新潮社が文庫創刊100年を記念に完全復刻盤を出版したことが話題になっています。紙媒体の図書をこよなく愛する人がなくなることはないでしょうし文庫本という廉価で手軽に読むことができる日本独特の図書を生み出した日本の豊かな出版文化も守られなければならないのはもちろんです。しかし、一般の読書環境にある皆さんも確実に読書の形態が変化していくでしょうが、視覚障害者の読書環境もこうした電子化の流れと無関係ではないことを出版社の皆様には知って

いただきたいのです。

　全国視覚障害者情報提供施設協議会（全視情協）という点字図書館の全国組織がサピエというウエブサービスを通じての電子データとしての点字ですとか、あるいはデイジーと言われるフォーマットの図書ですとか、またプレーンのテキストデータではなくテキストデイジーと言われるテキストデータ等の提供を行っていることは本書でも紹介されています。本書で言う「電子図書」の中には、点字図書館等で取り組んでいるデジタル図書も含めています。私たちは、出版社から発行される電子書籍も視覚障害者への配慮がされた図書としてのアクセシビリティーが進むことを願っていますが、出版社で対応できない部分は視覚障害者情報提供施設が取り組むことで、相互補完しながら、幅広い読書の世界を実現したいと考えています。

●課題解決に向けて

　障害者のアクセシビリティーを保障するための法律、制度が整備されつつあります。

　2010年には著作権法の一部改正が図られ、文字からの情報取得に困難のある人への著者制限が広がりました。著者の許諾を必要としないコンテンツの種類が大幅に増え読書困難者が希望する媒体で読書できる環境が一歩近づくことになりました。また、それらを利用できる対象者も視覚障害者だけではない読書困難者へと大幅に拡大されています。

　2014年1月、障害者権利条約が批准され、2016年4月から差別解消法が施行されます。国内法の整備が進む中で、情報のアクセシビリティーのための新たな動きも見られるようになっています。顕著な動きとして、読書困難者等の読み書き環境の改善に関する施策の推進を

求める声が各方面から出されるようになってきています。

　文字の読み書きがすべての国民にとって障害の有無や身体的条件その他の要因にかかわらず社会に積極的に参画し、人生をより深く心豊かに生きる上で欠くことのできないものであることに鑑み、すべての読み書き困難者等があらゆる場所において困難なく社会生活を送れるよう、積極的にそのための環境が整備されることを要望するものです。国は、年齢・障害の有無、経済的格差、地域格差等によって、読み書き困難者が文字情報から隔絶されることがないように、支援システムを整備し、環境の整備に関する施策を策定・実施する責務があるでしょう。また、財政上の措置を講ずる必要があります。

　同様に、地方公共団体は、読書困難者等を対象として、所管する公的機関において、公的サービスとして読み書き（代読・代筆）等情報支援を実施する責務があります。

　また、出版社等にも一定の努力が求められることになります。出版社や新聞社等、すべての国民が健康で文化的な生活を営むために必要な情報を提供することを生業とするものは、読書困難者等が容易に情報を得ることができるように、出版物の拡大文字、点字及び音声による書籍、電子出版物等、読み書き困難者等が必要とするあらゆる媒体の提供に努めていただきたいものです。

　「図書館の設置及び運営上の望ましい基準」は、平成二十四年文部科学省告示第百七十二号）で読書困難者への配慮の徹底を基準に盛り込む改正を行っています。

　たとえば、（六）（障害者に対するサービス）点字資料、大活字本、録音資料、手話や字幕入りの映像資料等の整備、提供、手話・筆談等によるコミュニケーションの確保、図書館利用の際の介助、図書館資料等の代読サービスの実施です。

アクセシビリティーの権利が位置づけられる中で、この「権利」の追い風を前面に出して出版社にも大いに物申していいんじゃないかという時代背景になってきているように思います。

しかし、私たちは、そうした権利関係だけを主張するだけでは世の中が読書のバリアフリーに向けて進むのかというと、なかなかそうはいかないだろうと考えています。

具体的な方策として、たとえば出版社を束ねる団体と福祉目的での情報資料の制作を行う者との間に立って相互の利益と理解を進める架け橋になる調整機関の設置が必要だと考えています。

例えば、出版デジタル機構は各出版社が出資して電子書籍の普及活動を推進されておられますがそのサービスのコンセプトは、著者と出版社と、そしてユーザーをつなぐかけ橋Pubridge（パブリッジ）」はPublish（出版）とBridge（橋）を掛け合わせた造語）です。この懸け橋がこれまで福祉目的として活動してきている情報提供施設にもつながれば面白いことになると思うのです。

出版デジタル機構という専門機関があって、出版社と視覚障害者情報提供施設の調整をするパブリッジセンターを機構内の一専門機関として位置付けることを提案したいと思います。

6-2
座談会
～「パブリッジセンター」設置の可能性～

出席：相賀　昌宏（大活字文化普及協会理事長、小学館社長）
　　　高橋　秀夫（日本盲人社会福祉施設協議会 常務理事）
　　　岩井　和彦（堺市立健康福祉ぷらざ 視覚・聴覚障害者センター 所長）

1、出版デジタル機構の役割

　岩井　まずは、具体的に私たちの読書バリアフリーへの願いを実現するために、出版界の責任あるお立場にいらっしゃる相賀さまとして、出版社と視覚障害者情報提供施設の調整をするパブリッジセンター（前節参照）という考え方について、一言お話しいただければと思います。

　相賀　はい。よろしくお願いします。

　今、それぞれの出版社ができる範囲で、障害者のためにデータ提供を実際にやっていると思います。でも各社がばらばらにやっていて、あの本のデータが欲しいというとき、それを手に入れる方法がいろいろな意味で面倒くさい。担当者がわかっていないと、どこに電話すればよいのかわからないという状態が起きています。どこかに一括して集中的にデータを管理する場所がどうしても必要だということは皆さんわかっているんですね。

　それをどこに置くか。やっぱり図書館なのかなと最初思っていたんですけれども、この仕事をしていくと、出版社、または著者といろいろ調整したりする場合があります。そうすると、それを一公共機関が

やるのは難しい。それから、中には利用者が有料でもかまわないという可能性が出てきたときに、現時点では図書館法十七条に従えば、資料のいかなる利用からも対価は取ってはいけないという原理原則があるので、そこができなくなる。

　国立国会図書館は国立国会図書館法が別にあるので有料は可能ですけれども、やはりちょっとやりにくいということはありますね。

　幸い国立国会図書館ではすべての本があることと、今、明治維新から百年分だけが一応デジタル化が終わっていますので、それを外へ出すことができます。現在、アマゾンさんとインプレスさんが組んで、というかインプレスさんがむしろコントロールしていますけれども、日本の出版社がコントロールしないとだめだね、ということでインプレスさんが間に入って、数点の古典のデジタルバージョンを出すことをやっています。価格は結構高いと思いますが、昔の本のオンデマンドプリント版として出してもらっています。

　このように国立国会図書館は民間に出すことができることをこれで一つ証明してくれたので、先ほど岩井さまのお話があったように、民間といっても半分以上国の資本が入っている株式会社産業革新機構が大株主である出版デジタル機構、ここがやはりセンター的な機能を持ってやるのが一番やりやすいだろうと思います。障害者手帳の有無などの登録をすることによって、そこから、その方に対して、その方が持っている機種に応じて変換もして、必要な本を、デジタル版を持っていますので、提供する。

　当然、膨大なアーカイブを持つわけで、その会社は同時に、障害者手帳を持っていない方には有料で配布しますので、ビジネスとしても動けると思います。

　それからもう一つ、明らかにわかっている書名の場合は探せます。

そこにその本があるかないかということがわかります。しかし、こういう本を読みたいのだけれどといったときに、実はその膨大なリストを見ること自体は無理なのですね。何十万点を見ることはできません。そこで、現在、国立情報学研究所が、Webcatというのを開発しておりまして、非常に進んでいます。私はこういうような本でこういうものを読みたいと自然言語で入力すると、ほんとうにあらゆる本が出ます。つまり今大学の図書館に入っている本も全部デジタル化が行われていますので、それから一般から国立国会図書館のデータも含めて入っています。それが全部、しかもいろいろな形で、自分が探したい本のレベル、子ども向けだとこうだろうというようなものも入っています。

　さらに、自分が最近読んだ本で、これに近い本をというのを入れると、その本の解析もして、それに近いものも全部出る。さらに、その本についてくわしいことがさらに必要な場合のウィキペディアも全部入っている。それから、ウィキペディアからさらに関連した本も探せる。さらに、われわれが今、私どものやっているジャパンナレッジという辞書・事典データベースもそれに連動させようとして研究しています。

　本を探すためのツールは、視覚障害あるいはいろいろな障害を持っていて本にアクセスすることが非常に難しい人のアクセシビリティーをいかに高めるかという点で重要です。これがないとだめなんですね。これも出版デジタル機構の中で開発を進めようと思っています。

　出版デジタル機構もできて二年がたちました。緊デジ（コンテンツ緊急電子化事業）と言われている被災地支援というものを初めてやりました。国の予算以上に出版社が実はお金を出しているのですけれど、なんとなく、被災地支援のお金を出版社がかすめ取ったのじゃないか

とご批判もいただいています。現実には出版社が参加しないと被災地の製作会社にお金が行かなかったので、みんな無理やり参加させたのですけれども、結果としては実は国の予算以上のお金が落ちているというのは調査で出ています。ただその有効利用がまだ全然されていないんです。

　なぜかというと、専門書がたくさん入っているんです。今までデジタル化は、出版業界はどちらかというと、まずお金があるところから始めたので、青空文庫以外はコミックと売れ筋の本、それからちょっと古い本みたいなところが中心でした。でも、専門書はお金にならないので、なかなかやらなかったんですね。今かなりそれがまず膨大にできています。それの所持データの整理ができていないところで今批判されておりますが、これももう年内（2014年）にはできてきますし、さらに、紙の本だけ、紙の本とデジタルもできている本、デジタルだけの本、こういったすべての総合目録の準備も今JPOというところで進めていまして、この仕事もいずれ出版デジタル機構に持ってこようと思っています。

　いずれにしても、出版デジタル機構は今、新しい電子書籍市場づくりをしているのですけれど、まさに岩井さまが心配だとおっしゃるように、ここに最初から視覚障害者、あるいは本にアクセスするのが困難な方、在日外国人の方、あるいは高齢者、それから書くことも困難な方、あるいは身体的な困難を抱えている方、そういった方々にどう対応するかを、最初からその電子書籍市場づくりの中にデザインしておかないといけない。早いうちに、社会的な意義のある仕事をやるということをたかだかと掲げることが必要かなと思います。出版デジタル機構の中に、この読書が困難な人に対する新しいサービスを開発することは、実はわれわれ晴眼者にとっても非常に便利なシステムがた

くさんできることになります。先ほど申し上げましたように、本を探す部分にしても、それは同時にあらゆる人たちが探せる。さらにその先には多言語化というものもにらみながら進めていきたいと思っています。

　こんなことを言ってほんとにできるのかと自分でもちょっと不安なんですけれども、やれるのじゃないかなと、実はちょっと楽観的に思っています。いろんなものを組み合わせるといいだけで、問題はやっぱり、そういうことをやろうよという人が増やせればいい。みんな思っているうちに何となくできちゃうということもあるので、ぜひご協力いただきたいと思います。

　岩井　ありがとうございました。ほんとに、やれるのではないかという可能性をいっぱい秘めたコメントをいただきました。

2、センター設立の提案

　岩井　では続いて、日本盲人社会福祉施設協議会常務理事の高橋さまからご発言をお願いします。

　高橋　こんにちは。高橋と申します。私どもの協議会におきましても、まだ始まったばかりでございますので、十分な討議、またはいろんな団体とのセッションもしてございませんけれども、こういうセンターが必要だということで、今日はちょっとご紹介させていただきたいと思っております。

　センターの事業の内容としましては、著作物の権利者から読書困難を解消する図書を制作するための著作物利用に関する委託を受けて管理をするということでございます。その中身としては、まず、出版社や著作者等の権利者が読書困難者の読書を支援するに当たり、デジタ

ルデータの提供をする際の事務手続きおよび契約手続きの代行をするということでございます。それから、二番目でございますけれども、出版社、著作権者等の権利者が読書困難者の読書を支援するに当たり提供するデジタルデータの管理を行う。それから三番目、出版社、著作権者等の権利者が読書困難者の読書を支援するに当たりデジタル図書等を制作する場合に、制作方法や普及・販売方法について情報提供や制作および販売協力を行うというようなことでございます。

　字面でいいますと非常に難しいのでございますけど、今、相賀さまがおっしゃったように、出版社とデジタルのデータを開放してほしいという利用者の間に立って、中間的なことでいろんな問題を解決して、両方とも安心していただくというようなことでございます。やはりデータが出るということは出版社にとりまして、または著者にとりましても、海賊版に流れて被害をこうむるのではないかというところもございますので、その辺の管理を私ども、日ごろ利用者と接している、または各施設とも接している、顔を見てわかる位置におりますので、この点ご信頼していただいて、より早く、そしていろんな分野のデータを提供していただいて、それぞれいろんなところでそのデータを活用していただきたいと思っているところでございます。

3、自炊と海賊版

　相賀　自分の持っている本についてですね、書棚もいっぱいだし、古い本は実は開くとパキンと割れちゃったりするし、それから古い字体のものはちょっと読みにくい。けれど、電子書籍にしておけばとっておけるし、またいつでも読める。場所もとらないので、本棚をあければまた新しい本が置けるという、本好きの人が自炊ということで電

（左より、相賀、高橋、岩井の3氏）

子版にする。これは私、個人でやるのは、まさに著作権法の私的使用なのでいいと思うのですけれども、それを外部の自炊業者に頼むことは、やはりデータ管理の問題であったり、背中を落とした本自体がネットで売られたりと、ちょっとまずいところがあります。自炊業者へは一応その辺は問題だというふうに対応しているのですけれども、やり方次第なんだろうなと思っています。一生懸命反対している人たちの足を引っ張るわけじゃなくて、中には必要なものもあるのだなということをわかりながら、おたがい話がもう少しできたらいいなと思っているんです。

　そのあたりのものもイメージとして海賊版というふうになってしま

っていますが、新しい電子書籍というのが生まれた中で、そういう部分は私は必要なのかなと思います。だから、もし、岩井さまが、自炊をご自分でやられているのならば、こういうちゃんとしたところ、認められたところでやりますよと。本を送ってくだされば全部それをデジタルにしますよ、ここに機械を買いますよ、そこで管理しますよと言ったら、みんな安心して来て、堂々とできます。データは一回限りで消滅させますよ。それから、本は断裁したけども、それは一回で処分しますよ。そして誰かちゃんとした監視の人がいてチェックしますよと。それをやってくれれば、著者も出版社も安心です。

　台湾では昔どんどん本が海賊版で出されていたのですけれども、現地では何も違法ではないんです。だって、日本のものを勝手にやっていても、誰が被害を受けるのですかということになるので。われわれとしては、それはちょっとというので、非常によくできている海賊版五社と契約して、そこに正式な許可を与えることによって、それ以外の国内の別な会社を国内法で抑えてもらったんですね。それで、いまだに現地ではすべて、日本のコミックの大体九十七.八％以上が台湾で出ているのですけれども、ここのところは正式な契約で、ちゃんと印税も払ってもらっています。中国はまだなかなかできないので、話し合いは続けていますけれども、いずれは同じように、毒をもって毒を制すと言うと失礼ですけれども、海賊版をやっていて強い力のところと契約して、それがほかを抑えていくというのは、この方式は徐々に展開しています。

　ただ、デジタルの場合は、ちょうどモグラたたきのように、すぐどこかで出て、一応「こちらでやっているのでだめですよ」と言うと、「やめます」と言うけど、また別のところですぐ出て、この対策費用のほうがはるかに被害よりも大きいので、ここのところはもうある程

度目をつぶって、しかたがないかなと。先生の中にも、自分の本が読まれていることをもって幸せとしようという方もいらっしゃいますけれども、出版社がそれでいいとは言えないので、できる限り売れそうな本はデジタル版を同時に出しています、海外でも。本物をちゃんと買って見ようという人も実はネットの中にたくさんいらっしゃるので、そうすると海賊版はあまり出ない。もしそのときに海賊版の方が読者にとって喜ばれるようなサービスをつけ加えていたら、出版社の負けです。だから、ここはやっぱりわれわれプロとして、海賊版に勝てるようなものを出していくということで、よりいいものを求めるしかないんじゃないかなと思います。

4、図書館に期待される役割

　岩井　ありがとうございました。海賊版あるいは自炊、出版社にとって大きな問題だと思います。自炊については、本書でも触れています。私たちの思いとすれば、出版社がちゃんとした、ユニバーサルデザインに基づいた、誰でもがアクセスできるデジタル図書を出していただければ自炊は必要ではなくなります。不正確な自炊での読書よりは安価（原本価格）で購入できるようなデジタル図書があればユーザーは購入します。
　この点で、私が期待するのは、全国三千百ある公共図書館が電子書籍等に積極的に対応いただくことです。出版社から優良なユニバーサル版が出た場合、全国の図書館に普及していけば、出版社のイニシャルコストは賄えるわけです。採算がとれれば、潤沢にＵＤ図書が供給されることでわれわれの夢が一歩実現するんじゃないかなと思っています。

５、求められる多様なデータ

　岩井　つぎに、会場の方からのご質問を受けたいと思います。どうぞ。

　Ａさま　現在、大学のほうで電子書籍であるとか自炊などの方法、いわゆるICT技術を使って視覚障害者がどのようにして文字情報へアクセスする方法を確保していったらいいかというあたりのことについて取り組んでおります。大学におりますので、研究という形で取り組んでおりまして、実務とはちょっと違う分野になります。今日、そういった実務などをされている方々が多い場所に参加させていただきましたので、とても勉強させてもらっております。

　僕の立場からアクセシビリティーという観点で申しますと、自分の考えというよりは、これまでやってきたことから、むしろ先ほどの相賀さまのほうからのご意見に対して一点質問という形で発言させていただきたいのですが、アクセシビリティーを確保する方法をつくっていくためには、最初の段階から、デザインの段階から組み込んでいくことが必要だというご意見、お話をいただきました。とてもありがたいことであり、ぜひその方向でと思っているわけです。その際に、今日なかなか出てこなかった問題としまして、データの形式がPDFなどの画像形式であるか、あるいはEPUBであるとかそういったテキストが載った形式であるか、これがやっぱり大きな違いになるわけです。例えば大活字などで対応できるような弱視の方ですと、PDFなどの画像形式の電子書籍もしくは電子図書館などが配信しているようなデータでもアクセシビリティーを確保する上で有効なデータなわけですけれども、岩井さまであるとか私のようにほぼ全盲に近いような視力の者ですと、やはり画像では決して読むことができない。読み上げの音

声ソフトで対応するためには、どうしてもテキストが載っていないと難しいということで、何とかしてテキストをつけてほしい。そうすると、この作業には膨大な手間がかかって、手間がかかるということは予算が必要になってくるということもある。そういった意味で、このあたりについて、出版社におられるということは、そこにDTPなどで作成されたデータがあるわけで、これはとても活用できる、ぜひ何とか出していただきたいデータでもあるわけです。このあたりについて、ぜひ出版社の意思決定権を持っておられるお立場の方として、何かご意見をいただけたらと思います。よろしくお願いします。

相賀 そのご指摘はほんとにそのとおりでして、今国立国会図書館にあるのは過去の本をデジタル化したもので、それがPDFデータであるというのは、やっぱり画像を取り込む必要があったからだと思うんですね。現在われわれは当然、編集作業自体をデジタルで進めています。今ほぼ、99％と言ったら言い過ぎかな、ほとんどが同時にデジタル化できます。すぐデータを出せるはずです。前は印刷所が、いわゆるCTSデータというんですか、コンピューター組み版のデータを持っていまして、そこには印刷ファンクションが入っていますので、それを落とすとか、結構お金がかかる作業だったのですけれど、最近はまず手元にあるパソコンで編集作業がされていますので、そのデータでテキストデータへの移行がわりと、ほんとに簡単にできると思います。

ただ、その先が実は大変で、いろんな機種というんですか。持っている機械に応じたのに変換するところが出版社ではできない。どこの書店で売る、どこの機種にダウンロードするかによります。そこでどうしても、一度データをどこかに集めて、そこで必要なものを、もう一回手間をかけて変換してお客さまに出すというところが、今後の仕

事として必要なのかなと思います。ただ、おっしゃるとおり、今までやっていた多くのボランティアの方の作業をできるだけ楽にするために、出版社が同時にデジタルデータを出すということが常識になる時代が、今来ていると私は見ておりますし、それをもっと確実なものにしていきたいと思っております。

　これでお答えになっていますでしょうか。

　Aさま　ありがとうございます。

　岩井　ありがとうございました。では、これで座談を終わります。

【平成26年5月31日に開催された、神保町すずらん祭り・読書権セミナー「夢は情報バリアフリー〜読むこと・生きること〜電子書籍が変える読書の世界〜高齢者・障害者の『読む権利』を求めて〜」より編集の上、掲載いたしました。】

障害者の読書と電子書籍の世界
～見えない、見えにくい人の「読む権利」を求めて～

⑦

電子書籍は高齢者の読書をどう変えるのか

7 公共図書館と電子書籍の可能性と課題

内海　春代
岐阜県関市立図書館館長

1、岐阜県関市立図書館の概要

　関市は日本のほぼ真ん中に位置している。平成17年2月に6市町村が広域合併して面積472.84キロ平方メートル（標高30から1,450メートル）、人口94,911人となったが、合併後10年の現在、人口91,491人に減少している。

　関市立図書館は、旧関市にある本館と5地域にある2分館、3分室から構成されている。本館のある旧関市の65歳以上は24％、他の地域の65歳以上は27％から45％である。本館と最も遠い分室は38キロメートル離れ、各地域を一周すると120キロメートル以上にもなる距離の遠さと、構成年齢層の異なりは図書館運営にも考慮が必要となっている。

　関市人口の高齢者率に対する図書館登録者の高齢者の比率は、49歳以下は人口比率と同じかそれ以上の登録があるが、50歳以上だと逆転する。50歳代は人口12.5％に対し登録者5.2％、60歳代15.0％に対し9.7％、71歳以上は17.1％に対し6.4％の登録率である。図書館の読書推進を行う上で、高齢者の読書に対する興味を聞き取り、登録率を増加させるような図書館活動をまだまだ考えていかねばならない。

2、関市立図書館における電子書籍導入・貸出状況

　平成22年度末に地方公共団体を対象として「地域活性化交付金（住民生活に光をそそぐ交付金）」が配分された。当館も大型絵本や障害者用のデイジー図書やプレクストークなどの機器を備えることができた。その費用の一部で、これから障害者の読書にも大きな力になるだろうとの視点から電子書籍をサンプル的に購入することにした。しかし図書館という不特定多数の利用者に貸出できるデジタル資料は当時ほとんどなく、かろうじて日本語の学術図書をデジタル化していたNetLibraryからeBookを20タイトル購入した。これはパソコンからインターネット上の専用サイトにアクセスすると、購入した図書のみが表示されるというもので、登録者にIDとパスワードを発行すると自宅でも内容が読めて、一部プリントも可能である。この登録により貸出としている。

　年度初めのばたばたと職員の研修を経てようやく6月から利用開始したが、まもなく、NetLibraryの提供がOCLC社からEBSCO社になったため、接続などの手続きが変更になった。夏休みの喧騒時期はとても対応できず、結局正式に広報したのは10月になった。地元新聞に取り上げられたので、しばらくは問い合わせが相次いだ。中に80歳前後と思われる男性が来館されたが、心配することもなくサクサクと利用されていた。

　その後、毎年30冊前後のeBookを購入追加して現在87冊になっている。しかし、メディアで取り上げられたり、新規購入に合わせて利用講座を開催したときなどには利用登録があるが、通常のときはほとんど動きがない。定期的な広報が必要となっている。

　平成25年3月には楽天から関市に電子書籍リーダー（Kobo touch）

の贈呈があり、図書館にも100台が寄贈された。4月から毎月20台ずつセットアップして1週間の貸出を行うと決めたが、内容は著作権フリーの青空文庫しかダウンロードできなかったので、どう広報していくか知恵を絞った。毎月初めに図書館でテーマを決めた青空文庫100タイトルのリストを作成し、アンケートを取った。応募のあったタイトルを端末に1～3冊ずつダウンロードして関市の「読書の日」である第3日曜日に貸出を開始した。5か月間かかって100台に約400冊をダウンロードして、本館のみならず分館、分室でも貸出できる状態にしたが、事前のアンケートを終了すると利用者の関心は収まっていった。平成25年度の貸出数は計261回であった。

　なお、同年度の貸出総数は一般書約28万冊、大活字本約2,400冊であるので、電子書籍リーダーに興味を持つかもしれないそれぞれの利用層に今後声かけなどを積極的に行っていきたい。

　平成26年3月にシステム更新があり、貸出の年齢層別の統計が取れるようになった。平成26年4月から12月の電子書籍リーダーの貸出数は59件である。それによると15歳までが14％、20～30歳代17％、40歳代が26％、50歳代19％、60歳代11％、70歳代以上14％となっている。内容が青空文庫だけとはいえ、各年齢層にまんべんなく借りられているようである。

3、高齢者の読書における支援

　小さな文字が見えにくくなり、小さな音が聞こえにくくなり、体の動作が緩慢になることなどは多くの高齢者が経験することである。そのため、従来高齢者サービスは障害者サービスと同じく福祉問題の延長として考えられてきた。確かに細かい文字は読むのに目が疲れるし、

重い本は腕が疲れるし、書店や図書館が近くになければ外出もおっくうになり買うことも借りることもできない。読書の楽しみをあきらめてしまう人もいるだろう。これらの人たちが興味を持つ読みたい本を手元に届ける手だてを考えている。

　一方、近年健康で活発に行動できる人たちが多くなり、今までの高齢者像とは異なった利用層が出てきている。特に団塊の世代はコンピューターに慣れた最初の高齢者であり、携帯電話やタブレットにも慣れている人が多い。これらの人たちは退職後の余暇に生涯学習や研究、ボランティア活動を行い、インターネットの普及した社会ともつながって自己実現を図っている。生涯学習機関としての公共図書館は、広く関連他機関と連携してこれらの新しい高齢者層への支援も考えていかねばならない。

4、電子書籍利用における課題

「字が大きくなって読みやすいね」と気に入って、繰り返し電子書籍の入ったリーダーを借りていく高齢者もいるが、いくら簡単な操作で読書が可能といっても電子機器であり、「読書は紙でしょう」と考えている利用者はなかなか手に取らない。リーダーの前で立ち止まり不思議そうに見ている人に近づき、直接薦めて手に取ってもらえても、ページめくりにおける機器の反応の遅さは「やはり紙にかなわないじゃないか」という確信につながる。タブレットと読書専用機とを混同していて、字を読むと目が疲れると思い込んでいる人もいる。

　電子書籍リーダーを薦めたときに「渡辺淳一は入ってないよね」という返事をいただいたことがある。やはり青空文庫だけでは高齢者にもアピールしない。紙の書籍でも同じだが、読んでみたいという興味

を持つところから読書が始まる。図書館で利用できる新しいコンテンツが待たれている。

　図書館員へのトレーニングも問題である。パソコンで読む電子書籍は利用者が基本的なパソコンの使い方をわかっている必要があるが、ダウンロードされた電子書籍リーダーなら気軽に最初のちょっとした利用指導を行うことで利用者は読書を始めることができるだろう。しかし、電源を入れるだけで読書を始められるようにリーダーを準備したり、利用者が読書中に無意識に触って画面を初期化してしまったとか、元の画面に戻れないとかのトラブル解決に対処しようとしたりすると基本的なネットワーク通信やリーダーを使いこなす知識が必要となる。電子書籍の利用マナーや著作権上の問題にも対処できるようにしなければならない。利用者、特に不慣れな高齢者にもやさしく説明できるコミュニケーション能力も要る。これからの図書館員はICT利用に強い専門家としても期待されている。

5、電子書籍の可能性と展望

　電子書籍はパソコンや電子機器を利用して読書という行為ができるものである。いったんデジタル化された文字はいろいろ加工ができる。あまり違和感のない合成音で読み上げを行ってくれるスマホのアプリがある。大活字本の拡大された文字は弱視者には適当な大きさでも、健常な高齢者には大きすぎて読みづらいものだが、電子書籍は一人一人の見やすい大きさやフォントに自由に文字を設定することができる。指先の感覚が鈍った高齢者は本を読むときページめくりがうまくいかないことがあるが、電子書籍リーダーはタッチするだけで良い。

　操作性もどんどん簡単になっている。試しに60歳代の少しパソコ

ンを使える女性に、何の説明もせず電子書籍リーダーで読書してもらったら問題なく読み進め、目も疲れないと答えてくれた。個人利用であれば、テレビを見ていてその原作を読みたいと思えば夜中でも即ダウンロードすることができる。近い将来、図書館でも紙の本のリクエストのように電子書籍のリクエストに応えられるようになるかもしれない。

公共図書館における電子書籍への備えは、一つはボーンデジタルな資料へのアクセスを確保するためである。二つにはその利用できる環境を用意して、いかなる利用層も情報格差の不利益を受けないようにすることである。そのためには図書館員の力の重要性が増してくる。

6、おわりに

広域で高齢化の進む関市では、中高生に図書館のインターネット利用（OPAC検索、ネット予約）などを覚えてもらい、身近な高齢者とのコミュニケーションを図りながらお互いの読書要求を図書館に伝えてくれることを夢見ている。時間、空間をとびこえるICTの力を利用していきたいと思う。

具体的な読書推進活動を通じて登録率を高めていき、その中で徐々に電子書籍の利用を進めていきたい。

あとがき

社会福祉法人日本盲人社会福祉施設協議会

情報サービス部会長　　岡本　博美

　視覚障害者の読書環境は、1988（昭和63）年の「てんやく広場」から1998（平成10）年の「ないーぶネット」へ、その後日本点字図書館と日本ライトハウスによる「びぶりおネット」を経て2010（平成22）年、視覚障害者情報総合ネットワーク「サピエ」へと変遷し、昨今ではICT（情報通信技術）により、高精度のOCR（光学式文字認識）や極めて肉声に近い高品質の音声合成技術などを活用した点字・録音・テキストデイジー図書等の製作が急速に進んでいる。

　そうした中、すべての書籍に自由にアクセス出来る障害者等の読書環境の充実を図ることを目的として、「障害者の読書と電子書籍」を刊行するに至った。

　本書では、視覚障害者等読書困難者に向けて製作・提供されているテキストデイジーやマルチメディアデイジー等を「電子書籍」と位置づけ、関係機関や団体を通じ第一線で活躍されている専門家の方々に執筆いただき、一般電子書籍の視覚障害者等へのアクセシビリティと、見えない、見えにくい人の電子書籍やその専用端末についての現状と課題、また、墨字書籍を電子データとしていち早く利用するために行われている先駆的な取り組みや、読書困難な児童・生徒の電子教科書としてその活用が期待されるマルチメディアデイジーなどを紹介。また、今年批准された障害者権利条約の下、進められるべき情報保障のあり方を検討するとともに、点字・録音・テキストデイジー図書など

をより早く合理的に製作するための可能性にも触れている。

　今後の大きな目標である視覚障害者等の読書権保障を目指して、今年は本書籍製作の岩井和彦委員長ほか関係者とともに株式会社出版デジタル機構を訪問し、デジタルデータの提供と機構内へのパブリッジセンターの設置等支援をお願いした。

　わたしたち専門家集団は近い将来、パブリッジセンターに大きくかかわり、関係機関と調整しながらその目標を実現したい。

■ 執筆者紹介　　（掲載順）

■ 竹下　亘（たけした　わたる）
社会福祉法人日本ライトハウス情報文化センター館長。
1958年東京都生まれ。同志社大学神学部修士課程中退。1982年点訳グループ「同志社ブライユ」を結成。1985年毎日新聞社入社・点字毎日部に配属。1993年同社退社、社会福祉法人日本ライトハウス入社・盲人情報文化センター配属。2012年。同センター館長に就任。
特定非営利活動法人全国視覚障害者情報提供施設協会副理事長、近畿視覚障害者情報サービス研究協議会会長。

■ 前田　章夫（まえだ　あきお）
日本図書館協会理事、日本図書館研究会事務局長。
1949年大阪府生まれ。日本図書館協会理事・障害者サービス委員会（関西）委員長、大阪府立中央図書館司書部長を経て現職。
著書に『高齢者と障害者のための読み書き〈代読・代筆〉情報支援員入門』（共著／読書権保障協議会編／小学館／2012）。

■ 天野　繁隆（あまの　しげたか）
社会福祉法人日本点字図書館館長（常務理事）。
1955年福島県生まれ。1979年日本点字図書館入館。以来12年に亘り録音雑誌の制作、編集を担当。1994年以降は、デイジー録音図書製作に関わるシステム構築が主な業務となる。「びぶりおネット」（1999年）、「びぶりお工房」（2002年）等のシステム開発を推進。近年は電子書籍準備室、同製作室（2000年、2003年）を図書製作部録音製作課内に設置し、電子書籍の製作・提供を進めている。2013年より現職。

■ 岡田　弥（おかだ　あまね）
社会福祉法人日本ライトハウス情報文化センターサービス部長。
1964年奈良県生まれ。京都大学文学部心理学専攻。大学の点訳サークルでの活動をきっかけにこの世界へ。1992年社会福祉法人日本ライトハウス視覚障害リハビリテーションセンターに入職。点字・パソコンなどを中心に生活訓練を担当。2001年同法人の情報文化センター西事業所に異動。用具・機器の展示・販

売・サポートなど担当し、現在に至る。
視覚障害者リハビリテーション協会理事、きんきビジョンサポート役員、視覚障がい乳幼児研究会幹事など。歩行訓練士、点字指導員。点字毎日「ITコラム」執筆中。

■ 杉田　正幸（すぎた　まさゆき）

大阪府立中央図書館読書支援課障がい者支援室司書。
1971年埼玉県生まれ。埼玉県立盲学校卒業後、鍼灸師として整形外科に勤務。筑波技術短期大学情報処理学科在学中、通信教育にて図書館司書資格を取得。2000年大阪府の図書館司書採用試験に合格、以後大阪府立中央図書館勤務。2010年大阪府職員表彰受賞。同年（社福）視覚障害者支援総合センター「第8回チャレンジ賞」受賞。
著書に『障害者サービスと著作権法』（日本図書館協会障害者サービス委員会、著作権委員会編／日本図書館協会／2014）、『見えない・見えにくい人も「読める」図書館』（公共図書館で働く視覚障害職員の会編／読書工房／2009）。

■ 浅川　智恵子（あさかわ　ちえこ）

日本アイ・ビー・エム株式会社　IBMフェロー。
1968年大阪府生まれ。1985年同社入社、東京基礎研究所に配属。以来、主としてヒューマンコンピュータインタフェース分野において情報アクセシビリティ実現のための研究に従事。数々の功績が認められ、2009年日本人女性初のIBM最高技術職IBMフェローに就任。2013年には紫綬褒章を受章。
著書に『ソフトウェアの匠Ⅱ』（共著／日経BP社／2005）、『「キャリアを拓く―女性研究者のあゆみ』（国立女性教育会館女性研究者ネットワーク支援プロジェクト編／ドメス出版／2005）。

■ 石川　准（いしかわ　じゅん）

静岡県立大学国際関係学部教授、社会学博士。
1956年富山県生まれ。東京大学大学院卒。社会学者としてのみならず支援工学分野でも活躍。第6回本間一夫文化賞（2009）、第6回塙保己一賞大賞（2012）受賞。国立身体障害者リハビリテーションセンター運営委員会委員、内閣府障害者政策委員会委員長。
主な著書に『アイデンティティ・ゲーム：存在証明の社会学』（新評論／1992）、『感情の社会学』（世界思想社／1997）。

■ 田中　徹二（たなか　てつじ）
社会福祉法人日本点字図書館理事長
1934年東京都生まれ。早稲田大学卒。早稲田大学三年の時病気で失明。東京都心身障害者福祉センター視覚障害科で20年あまり、中途失明者の相談・判定、訓練、研究業務に従事。同勤務を経て、1991年日本点字図書館館長、理事長　NPO法人全国視覚障害児童・生徒用教科書点訳連絡会理事長。

■ 野村　美佐子（のむら　みさこ）
公益財団法人日本障害者リハビリテーション協会情報センター長。
1950年茨城県生まれ。大学で英米文学を学び、国際通信関係企業に勤めた後、1998年より日本障害者リハビリテーション協会に入会。国内外の障害者関連情報提供サイトとデイジーの普及を担当する。2007年より現職。
日本デイジーコンソーシアム事務局長。
著書に『読みやすい図書ためのIFLAガイドライン改訂版』（共著／日本図書館協会／2012）。

■ 久保田　文（くぼた　あや）
社会福祉法人日本ライトハウス情報文化センター製作部部長。
1971年静岡県生まれ。大阪芸術大学芸術学部放送学科卒。パソコンインストラクター、JBS日本福祉放送を経て、日本ライトハウス情報文化センターに勤務。デイジー図書、電子書籍など、読書障害者向け各種図書の製作統括に従事。
日本デイジーコンソーシアム運営委員、全国視覚障害者情報提供施設協会電子書籍委員会委員長、日本盲人福祉委員会音声版選挙公報製作・普及プロジェクト事務局。

■ 濱田　滋子（はまだ　しげこ）
NPO法人NaD代表。
1956年兵庫県生まれ。娘が学習障害で読みに困難を抱えていることをきっかけに、マルチメディアデイジー図書の製作を始める。2003年に8人のメンバーで奈良デイジーの会を発足。2006年より代表。2012年に会名をNaD（ナディー）と改める。

■ 澤村　潤一郎（さわむら　じゅんいちろう）
社会福祉法人日本点字図書館録音製作課電子書籍製作室グループリーダー。

1978年滋賀県生まれ。早稲田大学第一文学部卒業後、2002年日本点字図書館入館。点字製作課で点字出版・点字製版業務、録音製作課で録音図書製作業務に従事。2012年電子書籍準備室、2013年より電子書籍製作室に配属、現在に至る。テキストDAISY・マルチメディアDAISY図書の製作業務を担当。

■ 大胡田　誠（おおごだ　まこと）

弁護士、つくし総合法律事務所所属。

1977年静岡県生まれ。慶應義塾大学法学部法律学科卒業、同大大学院法務研究科修了。2008年弁護士法人渋谷シビック法律事務所入所。2013年弁護士法人つくし総合法律事務所東京事務所入所。

著書に『高年齢者雇用安定法と企業の対応』（共著／労働調査会／2012）、『全盲の僕が弁護士になった理由－あきらめない心の鍛え方－』（日経BP社／2012）。

■ 岩井　和彦（いわい　かずひこ）

特定非営利活動法人堺障害者団体連合会堺市立健康福祉プラザ視覚・聴覚障害者センター館長。

1949年奈良県生まれ。大阪府立盲学校（現・大阪府立視覚支援学校）卒業。同志社大学文学部入学。大阪府立盲学校高等部・社会科講師、奈良県視覚障害者福祉センターを経て、2011年9月まで社会福祉法人日本ライトハウス常務理事。元NPO法人全国視覚障害者情報提供施設協会理事長。

著書に『視覚障害あるがままに　Let it be〜夢は、情報バリアフリー〜』（文理閣／2009）、『高齢者と障害者のための読み書き〈代読・代筆〉情報支援員入門』（共著／読書権保障協議会編／小学館／2012）。

■ 内海　春代（うつみ　はるよ）

岐阜県関市立図書館館長。

1951年滋賀県生まれ。京都大学図書館、岐阜大学図書館、中部学院大学附属図書館勤務後、学校法人岐阜済美学院が指定管理者となった関市立図書館に異動、現在に至る。放送大学大学院文化科学研究科修了。

『障害者の読書と電子書籍』編集委員会

委員長　岩井　和彦（特定非営利活動法人堺障害者団体連合会堺市立健康福祉
　　　　　　　　　　プラザ視覚・聴覚障害者センター館長）

委　員　岡本　博美（社会福祉法人山口県盲人福祉協会点字図書館館長）

　　　　竹下　　亘（社会福祉法人日本ライトハウス情報文化センター館長）

　　　　田中　徹二（社会福祉法人日本点字図書館理事長）

　　　　高橋　秀夫（社会福祉法人日本盲人社会福祉施設協議会常務理事）

装丁・レイアウト／大活字文化普及協会

編集／苅谷　昌利（小学館）

障害者の読書と電子書籍
～見えない、見えにくい人の「読む権利」を求めて～

2015年3月30日　初版第1刷発行

社会福祉法人　日本盲人社会福祉施設協議会　情報サービス部会／編
発行人　塚原伸郎
発行所　株式会社小学館
　　　　〒101-8001　東京都千代田区一ツ橋2-3-1
　　　　電話　編集：03-3230-5625　販売：03-5281-3555
印刷所　大日本印刷株式会社
製本所　株式会社若林製本工場
Ⓒ 社会福祉法人　日本盲人社会福祉施設協議会　情報サービス部会　2015
Printed in Japan　ISBN978-4-09-388413-6

＊造本には十分注意しておりますが、印刷、製本など製造上の不備がございましたら「制作局コールセンター」（フリーダイヤル0120-336-340）にご連絡ください。（電話受付は、土・日・祝休日を除く　9:30～17:30）

＊本書の無断での複写（コピー）、上演、放送等の二次利用、翻案等は、著作権法上の例外を除き禁じられています。

＊本書の電子データ化などの無断複製は著作権法上の例外を除き禁じられています。代行業者等の第三者による本書の電子的複製も認められておりません。

＊本書の出版に際しては、一般財団法人・日本児童教育振興財団の助成をいただきました。